AF201222

Elias Johannes Benedikt

Erfahre und lebe die Göttliche Macht der Liebe

Elias Johannes Benedikt

Erfahre und lebe die Göttliche Macht der Liebe

© 2020 Elias Johannes Benedikt
Herstellung und Verlag:
BoD – Books on Demand, Norderstedt
ISBN: 978-3-7519-3373-5

Invokation

Höchster Herr und Gott,
der Du der Quell und Ursprung
allen Seins und Lebens bist,
und alles trägst und zu seiner Vollendung führst,
mache mich zu einem Instrument Deiner Liebe
und einem Kanal Deines Lichtes,
daß ich Deine Liebe in den Herzen all derer
erwecken möge,
die nach Dir und Deiner Gegenwart dürsten!
Bewahre in mir die Demut und gewähre mir die
Gabe,
die Erkenntnis Deiner allumfassenden Fülle,
Deines Friedens und Deiner Allgegenwart zu
erwecken
wie auch ihre eigene Göttlichkeit in ihren Herzen
zu entdecken. Amen!

"Wir müssen die Macht der Liebe entdecken, die heilende Kraft der Liebe. Und wenn wir das entdecken, dann werden wir aus dieser alten Welt eine neue machen können. Liebe ist der einzige Weg".

(Martin Luther King)

Erfahre und lebe die Göttliche Macht der Liebe

Inhalt

Vorwort

Vorwort

Alles, was ist und lebt, ist ein Ausdruck der Liebe Gottes. Lange Zeit habe ich versucht in meinen Schriften Erkenntnisse und Einsichten zu vermitteln und die Geheimnisse des Lebens zu enthüllen, Erklärungen und Verständnis zu finden, für die vielen inneren und äußeren Ereignisse und Unwägbarkeiten unseres Da-Seins in den verschiedenen Sphären des Alls. Mehr und mehr bemerkte ich, daß alles Gnade und in seinen Erscheinungsformen ein Mysterium ist. Ich verlor das Bedürfnis, die Dinge verstehen und erklären zu wollen, sondern fand aus einer gewachsenen Dankbarkeit und Demut heraus, mehr zu einer stillen Ehrfurcht vor allem Sein und Leben. Schon unser einfaches Dasein ist ein unbegreifliches Wunder und zwingt uns in die Knie. Diese Ehrfurcht und Dankbarkeit bilden den Anfang und das Erwachen einer tief empfundenen Liebe zu allem, was ist. Und in dieser Liebe erfahren wir eine stille Verklärung unseres Seins und Lebens.

Überhaupt ist es eine wachsende Zahl der Menschen die heute fühlt und erkennt, daß die Liebe nicht nur die eine notwendige Voraussetzung für ein menschenwürdiges und erfülltes Leben ist, sondern Herz und Liebe darüber hinaus überhaupt die entscheidenden Faktoren in

Welt und Leben sind; die Liebe ist die Lösung aller Probleme, das Alpha und Omega jeden Sinns, jeder Erfüllung und sie ist die eine Gabe, die allen beseelten Wesen gegeben ist; ja sie ist unserer aller größte Stärke, Kern und Substanz unseres Seins und unserer Seele. Die Liebe ist die eine, allen gemeinsame Berufung; sie mag viele Gesichter haben, ist aber dennoch ein Prinzip, eine einzige allumfassende Kraft.

Je mehr wir versuchen unsere Zeit zu verstehen, umso deutlicher wird uns werden, daß alle Probleme und Mißstände in einem Mangel an gelebter und kommunizierter Liebe bestehen. Wir leben in einer Zeit, die mehr Wissen und Know-how akkumuliert hat, denn irgendeine Epoche vor uns und dennoch stehen wir weltweit mehr und größeren Problemen gegenüber, denn je zuvor.

Mit dem kalten Wissen des Verstandes kommen wir hier sicher nicht weiter. Was es braucht, ist die Tiefe und Erkenntnis des Herzens und die gegenseitige Annahme in Liebe. Nur die Weisheit des Herzens und die daraus fließende Liebe kann die Welt noch heilen. Unser Herz ist unendlich tief und wenn wir es öffnen, können wir die Antworten auf all unsere Fragen darin finden. Es braucht nur das Erwachen und den Mut, es zu tun.

Dieses kleine Büchlein versteht sich zugleich als Hymnus, als Plädoyer, als Aufruf und als Bekenntnis. Es sieht sich als kontemplative Betrachtung verschiedener Aspekte und Wesenszüge der Liebe und der Herzensqualitäten des Menschen.

Wie viele andere Liebende vor mir sehe ich mich als Autor, der die Liebe zu seinem Thema erwählt hat, in einer sowohl glücklichen wie auch unmöglichen Lage: Denn zum einen liefert ja mein ganzes Sein und Leben mit all seinen Höhen und Tiefen in Zeit und Ewigkeit den unauslotbar reichen Schatz und Gegenstand dieser Schrift, zum anderen aber frägt sich die Seele des Autors, was denn Worte in Anbetracht der unaussprechlichen Größe und des Mysteriums der Liebe vermögen? Hatte schon Augustinus ausgerufen: „Sagen kann ich's nicht, verschweigen kann ich's nicht, aber jubeln und singen kann ich's." (Bekenntnisse) Und im Nachklang an Rumi (Diwan) ruf' ich aus: „Die Feder eilt im Schreiben, kaum zu halten – kommt sie zur Liebe, muss sie sogleich innehalten. Wie ich die Liebe auch erklären will – komm ich zur Liebe, schweig' ich schamvoll still. Erklärung mag erleuchten noch so sehr, doch Liebe ohne Zungen leuchtet mehr."

In diesem Sinne wünscht der Autor dem Leser beglückende und erhellende Einsichten des Herzens und die Gabe beflügelter Intuition und innerer Schau, die es ihm ermöglichen auch jene Momente und Impulse wahr- und anzunehmen, die nicht in Worten, sondern nur ohne Worte und zwischen den Zeilen schwingend aus dem Herzen und zum Herzen fließen möchten.

Lobpreis der Liebe

Das Leben selbst ist der reinste und umfassendste Ausdruck der Liebe. Die Liebe ist des Lebens Ursprung und seine Vollendung!

Alles ist Liebe, das Sein selbst ist Liebe, nichts als Liebe, ...

Wie wäre es möglich mit menschlichen Worten über die Liebe zu sprechen? Nichts vermögen wir aus uns selbst über sie zu sagen, wenn nicht sie selbst spricht, wenn nicht sie selbst uns den Mund öffnet und die Zunge führt.

Schon Paulus sang in seinem Hohelied: „Könnte ich mit Menschen- und Engelszungen reden, aber hätte der Liebe nicht, ich wäre nur tönendes Erz oder eine klingende Schelle. Und wenn ich prophetisch reden könnte und wüsste alle Geheimnisse und alle Erkenntnis und hätte allen Glauben, sodass ich Berge versetzen könnte, und hätte der Liebe nicht, so wäre ich nichts. Und wenn ich alle meine Habe den Armen gäbe und meinen Leib dahingäbe, mich zu rühmen, und hätte der Liebe nicht, so wäre mir's nichts nütze.

Die Liebe aber ist langmütig und freundlich, die Liebe eifert nicht, die Liebe treibt nicht Mutwillen, sie bläht sich nicht auf, sie verhält sich nicht ungehörig, sie sucht nicht das Ihre, sie lässt sich nicht erbittern, sie rechnet das Böse nicht zu, sie freut sich nicht über die Ungerechtigkeit, sie freut sich aber an der Wahrheit; sie erträgt alles, sie glaubt alles, sie hofft alles, sie duldet alles.

Die Liebe höret nimmer auf, wo doch das prophetische Reden aufhören wird und das Zungenreden aufhören wird und die Erkenntnis aufhören wird. ...

Nun aber bleiben Glaube, Hoffnung, Liebe, diese drei; aber die Liebe ist die größte unter ihnen."

Ja, die Liebe ist der Ursprung und Quellgrund allen Seins und Lebens. Die Liebe ist es, die die Sterne am Himmel in ihren Bahnen leitet, die Liebe ist es, die die Vögel in den Bäumen springen und singen läßt, die Liebe ist es, die alle Wesen erhält und beflügelt;

Wer mit offenem Herzen die Natur erlebt, der erfährt sie auf Schritt und Tritt als Born unermesslicher Offenbarungen; die Natur in ihrer Unmittelbarkeit und Lebendigkeit ist die uns nächste Ausdrucksform göttlicher Liebe.

Die Liebe ist es, die unsere Herzen stillt und erfüllt; die Liebe ist es, die uns unsere Narreteien gewährt und uns unsere Torheiten erfahren läßt auf daß wir in Freiheit die Geheimnisse des Herzens erkennen und uns finden mögen. Die Liebe ist es, die uns heilt und ... tröstet ... erhebt und erniedrigt, daß wir die Gegenwart Gottes und die

Wahrheit des Seins in uns erkennen mögen. ...
Die Liebe ist es, die uns durch die Augen unserer
Brüder und Schwestern und alles Lebenden an-
schaut und zulächelt. Die Liebe ist es, die uns
Sinn und Frieden schenkt, die Liebe ist es, die
alles mit allem vereint. Die Liebe ist das Eine
selbst, ist der Grund und das Fundament und
auch die Substanz allen Seins und Lebens. Die
Liebe ist der Friede und die Freude in unserem
Herzen, die Liebe ist das lebenspendende Licht
der Sonne, die Liebe ist der Regen, der die Auen
bewässert, die Liebe ist der aus den Himmeln
herniederströmende Segen Gottes. Gott ist die
Liebe und die Liebe ist Gott. Die Liebe ist die
Weisheit des Herzens wie auch die Torheit unserer Unvernunft. Die Liebe ist die Katharsis unserer gereiften Seele, aber auch das Begehren und
die Leidenschaft unseres unreifen Gemütes. Die
Liebe ist die Wurzel unserer Selbstlosigkeit und
Hingabe aber auch jene unserer Eifersucht und
Verstocktheit. Die Liebe ist unser Licht aber
auch die Verblendung unserer Selbstsucht. Die
Liebe ist es, die nicht zuletzt alles zu seiner
Vollendung und unsere Verstocktheit und Ver-
blendung durch die große Schmelze unseres
Gemüts in die Verwandlung der Demut und
durch sie zu sich selbst führt. Denn wisse: Die
Liebe ist es, die dich allezeit von überallher ruft
und wenn sie dich ruft, wird sie dich schütteln

und erschüttern und durch die große Läuterung zu dir selbst und in deinen Ursprung führen. Sie ruft dich um dich selbst zu Liebe zu machen, um dich in sich selbst zu verwandeln und sich durch dich in alle Richtungen des Raumes hin auszudehnen und alles in sich zu umfassen und in sich aufzunehmen. Die Liebe ist der Anfang und die Mitte und die Vollendung von allem: sie ist unendlich, allgegenwärtig und ewig; sie ist überall und in allem und wirkt ohne Unterlaß.

Wie könnte ich wagen über die Liebe zu reden, wenn sie nicht selbst durch mich redete. Unsere Worte sind der Liebe Tod, denn sie wohnt und ist und wirkt jenseits der Gedanken und Worte als die verklärende Kraft unseres Herzens. Wenn das Herz es gibt, dann vermögen wir selbst Liebe zu wirken und dieses Wirken kennt keine Grenzen und keine Bedingungen. Wo sie hinfällt, entstehen Leben und Wachstum, wo sie verweilt, entsteht vollendete Stille. Wen sie berührt, den erweckt sie zur Erkenntnis seiner Göttlichkeit und seiner wahren Natur.

Die Liebe kennt keinen Mangel und auch kein Ziel, denn sie ist Fülle und ihrer selbst voll. Sie sucht nichts, sie will nichts, sie weiß nichts und stiftet dennoch alles. Sie gibt unerschöpflich und erschöpft sich dennoch nicht. Und was sie gibt ist sie selbst. Sie stiftet was sie hat und was sie hat stiftet sie und das ist die Fülle des ewigen Lebens.

Gibran: Denn was ist das Gebet anderes als die Ausdehnung eurer selbst in den Äther hinein? ...

Sie verwandelt deine Vergänglichkeit in die Dauer der Ewigkeit, die Leere deines Ich in die Herrlichkeit deines Seins.

Nacht in den Tag, die Finsternis in Licht, die Tiefe in die Höhe und die Armut in Reichtum. Deine Schwächen in Stärken und deine Nichtigkeit in Größe.

Die Liebe ist es, die die Fische im Wasser erhält. Die Liebe ist die Anziehung zwischen Sonne und Planeten wie auch jene zwischen Elektronen und Atomkernen. Die Liebe ist die Substanz der Seele und die Seele ist die Substanz der Welt.

Die Liebe ist das Lied der Schöpfung und das Schweigen der Kreatur vor Gott. Sie ist das Toben der Meere und der Frieden der Wälder. Sie ist die Erhabenheit der Gebirge und die gravitätische Stille der Ozeane. Sie ist die Entsagung des Asketen und der Rausch der Ekstatiker. Sie ist die Verinnerlichung der Mystiker und Philosophen wie auch der Überschwang des Lebens und der Liebenden.

Die Liebe ist der Glanz des Himmels und der Abglanz des Ewig-Schönen=Alleinen. ... Die Liebe ist die Sparsamkeit des Verwalters und die

Großzügigkeit seines Herrn. Sie ist die Keuschheit der Gattin und die Anbetung des Gatten. Sie ist die Verehrung des Dieners und die Hingabe des Königs.

Sie ist die Fürsorge der Mütter für ihre Kinder und die Anhänglichkeit der Kinder an ihre Mütter. Sie ist die Anmut der Mädchen und der Eroberungsgeist junger Männer. Sie ist die ewige Einheit zwischen Leila und Majnun und Shirin und Chusru. ... Sie ist die Dichtkunst des Dichters und die Musik im Herzen des Sängers. Sie ist die Erkenntniskraft des Philosophen und die Weisheit der Weisen. Sie ist das Licht der Welt. Sie ist unser Weg, unsere Wahrheit und unser Leben. Sie ist die Auferstehung und das Leben.

Sie ist Licht und Leben, Bewegung und Ruhe, Sehnsucht und Erfüllung, Klang und Stille. ... Sie ist die Zartheit der Blüten und die Kraft in den Stämmen der Bäume. Sie ist Beharrung und Verwandlung, Dauer und Vergänglichkeit, Sparsamkeit und Verschwendung ... Sie ist die Einheit jenseits der Gegensätze und die Synthesis zwischen ihnen.

Die Liebe ist das Band zwischen Himmel und Erde und das Tor zwischen Ewigkeit und Zeit.

Sie ist der Ausgang und die Rückkehr der Seelen und die Einkehr des Geistes. Sie ist der Ursprung aller Vielfalt und deren Mündung in der transzendentalen Einheit des Seins.

All das ist die Liebe und doch ist sie darin nicht erschöpft.

Die Liebe – unser Geburtsrecht und unser wahres Wesen

Mutter Teresa sprach uns an indem sie sagte: „Jeder Mensch hat das Recht zu lieben und geliebt zu werden." Denn die Liebe ist das Elixier des Lebens und wenn sie fehlt, kann Leben nicht gedeihen. Deshalb ist es schon von Natur her so angelegt, daß das neugeborene Kind von seinen Eltern mit großer Freude und in Liebe empfangen wird. Der Willkomm der Eltern ist das Licht der Welt für die ankommende Seele. So ist es zumindest in Friedenszeiten und bei gesunden Eltern. Aber auch andernfalls ist sowohl bei der Empfängnis als auch bei der Geburt die Liebe Gottes gegenwärtig, die alles Leben trägt und erhält.

Mutter Teresas Herz hat sie auf einen wunderbaren Weg geführt, auf dem sie tausenden Menschen in aller Welt Trost, Sinn und Heilung gebracht hat. Überall hat sie den Ärmsten der Armen, den Erniedrigten, Aussätzigen, Einsamen, Verlassenen, Kranken einen Willkomm bereitet und ihnen zu fühlen und verstehen gegeben, daß sie geliebt und angenommen sind. Sie selbst sah sich als Missionarin der Liebe Gottes, indem sie erkannte, daß Gott der Quell aller Liebe ist und wir alle berufen sind, sie in die Welt zu tragen. Ihr Motto lautete: „Liebe bis es schmerzt und selbst wenn es weh tut, höre nicht auf zu lieben." Und sie erkannte, daß jeder Mensch nicht nur der Liebe bedarf, sondern – sofern er an Leib und Seele heil ist und sein Herz offen hält, auch selbst zu einem fruchtbaren Kanal göttlicher Liebe werden möchte – denn die Liebe ist unser aller erste und höchste Berufung.

Um die Liebe zu leben braucht es keine Ausbildung oder besondere Vorbereitung, sondern nur die Offenheit des Herzens und ... Mut.

Die Liebe bildet nicht nur ein Urbedürfnis des Menschen, sondern geradezu sein Wesen. Heute wissen wir: Wir sind Liebe. Wir sind aus Liebe geschaffen und ewig in Liebe gebettet – innen wie außen. Und der Sinn und Auftrag unseres Lebens ist, die Liebe, die wir sind, zu leben, d. h. aber sie in unserem Sein und Leben zu manifestieren und bedingungslos zu verströmen.

Liebe hat viele Formen und Gesichter und jeder Mensch, jede Seele gibt ihr ein eigenes Gesicht. Und so werden in unserer Liebe sowohl unsere wahre individuelle Wesensart wie auch die Fülle unser Herzensgaben offenbar. Ja, in der Liebe erst erleben wir, wer wir sind. In der Liebe erfahren wir uns ganz und unmittelbar als das bzw. denjenigen, der wir vom Ursprung her sind. In der Liebe finden wir uns selbst und werden wir zu dem, was wir vom Ursprung her und unserem Wesen nach sind.

So bildet die Liebe tatsächlich das Alpha und Omega unseres Lebens, den Sinn und Auftrag unseres Da-Seins, den Impetus all unseres Strebens, aber auch die Vollendung unseres Seins und Lebens in der Stille und Vollkommenheit Gottes.

Lange schon bin ich auf dem Weg, dem Weg auf der Suche nach der Wahrheit und zu mir selbst. Gott hat mir alles gegeben und nichts erspart. Solange ich denken kann, habe ich gesucht, gesucht mich zu erkennen als der, der ich bin, gesucht nach der Erfahrung bedingungsloser Liebe, nach der Einheit des Seins in der Vollkommenheit Gottes.

Sowohl der Tod als auch der Schmerz, das Hoffen als auch die Enttäuschung waren mir treue Gefährten und Begleiter – weder der Schmerz noch all das Weh haben mich jemals betrogen, vielmehr waren sie meine nächsten Freunde und Lehrer auf meinem Weg zu mir selbst.

Lange habe ich die Liebe in Beziehungen gesucht und all die darin florierenden Illusionen hingenommen, bevor ich erkannte, daß Gott meine große Liebe ist. Erst als ich meine Wünsche, Hoffnungen und Erwartungen als Trugbilder meines Verstandes erkannte und auch loslassen konnte, sind mir in zwei schicksalshaften Begegnungen wirklich authentische Erfahrungen menschlicher Liebe – und das in beiden Richtungen – der Zuwendung und Hingabe sowie des Geliebtseins als Person – zuteil geworden. Wohl hat mir weder göttliche noch menschliche Liebe seit meiner Geburt je gefehlt, sie aber als erwachsender Mensch, als Mann und Beziehungswesen bewußt erfahren und leben zu können, bedurfte vieler Durchgänge und Erfahrungen der Desillusionierung, bis mir das Schicksal jene Gnade und Fülle gewährte, derer erst eine gereifte Seele fähig ist.

Die eine Erfahrung war jene, die mir in meiner Berufung als Lichtarbeiter zuteil wurde und mir eine neue Dimension menschlicher Seelenverbindungen offenbarte, die andere – jene mein ganzes Wesen durchdringende – Begegnung mit meiner Dualseele. Letztere ergab sich in einer Wiederbegegnung meiner Jugendliebe in meinen späten Jahren.

Ich möchte hier ein wenig aus beiden Erfahrungen erzählen. ...

Die Liebe als Anfang, Mitte und Vollendung allen Seins und Lebens

Hoch über allem, was sein kann und ist, vor und über den hellsten Gedanken und den lautersten Regungen des Herzens, vor und über allem Sein und Leben steht das Eine – alltranszendent, jenseits von Sein und Nicht-Sein, selbst weder dem einen noch dem anderen zugehörig – ist es selbst höchster und letzter Ursprung von allem. Weder licht noch dunkel ist es selbst Quell allen Leuchtens, Quellens, ewig neuen Gebärens, ewigen Schaffens und Gebens. Es ist der eine Seins- und Einheitsgrund in und hinter allem, was geworden und denkbar ist. Seine absolute Einfachheit ist der transzendentale Grund eines jeden Ganzen sowie der Einheit der Welt und des Lebens. Ewig, anfangslos und seiner selbst übervoll, spendet es allem, was ist, Sein und Leben, gewährt all den lebenden Wesen und geschaffenen Dingen Anteil an seiner absoluten Fülle, ohne selbst daran Teil zu haben.

Alles, was ist kommt aus ihm und doch hat es selbst keinen Anteil an seinem Hervorgang und Werden. Es selbst ruht unberührt in sich und sein Quellen und Geben mindert weder seine Fülle noch seine Ruhe noch sein überseiendes Wesen. Alles Seiende ist seine Spur. Sein Quellen hat weder Anfang noch Ende und ist ewig frisch wie ein rauschender Wildbach.

Es ist die Mitte von allem und auch der tiefste Grund unseres Herzens. Es ist Ursprung und Wurzel unseres eigenen Seins und kleinen Lebens und auch der Grund unserer Würde und Erhabenheit, die wir haben in Gott. Es ist die Mitte und der Quell des Lebens in unserem Herzen und unserer Seele und alles, was wir erfahren und fühlen ist eine Lichtspur des Einen. Es ist Ursprung und Quellgrund der Liebe und damit das Taufbecken alles Geschaffenen und Empfindenden. Es ist die Liebe, die aus ihm stammt, die das Eine als Vieles erscheinen läßt und das Viele aus ihm hervorbringt. Es ist Vater aller Vielheit und doch selbst ewig teillos und absolut einfach. Aus Liebe entzweit es sich um zwei zu sein und bleibt dennoch stets bei sich selbst nur das einfache Eine. Und die Liebe ist es, die all das Gewordene und all das Viele aus seiner Zeitlichkeit, Zerstückung und Mannigfaltigkeit erlöst und in die alltranszendente Einheit zurückhebt, aus der es stammt.

Die Liebe vereint das Geteilte und sammelt das Zerstreute, um es in die Glückseligkeit seiner ursprünglichen Einheit zurückzuführen, es an der Glückseligkeit des Einsseins teilhaben zu lassen. Allem was ist und sein kann, ist die Einheit des Einen seine Seinsermöglichung. Das aber, was es aus der Möglichkeit in die Wirklichkeit des Seins hinüberführt, ist die Liebe.

Die Liebe ist Energie und Substanz, ενεργεια und ουσια. Die Liebe ist der eigentliche Grund allen Sein und Lebens; sie ist Vater und Mutter aller lebenden Wesen und geschaffenen Dinge. Sie ist Wille zum Sein und Substanz des Seienden, die erste Gestalt und Urform des manifesten Seins ist die Seele. Sie ist Urform und Gestaltwerdung der Liebe. Deshalb heißt es: Du bist Liebe! Alles, was ist, ist seiner Substanz und seinem Wesen nach Liebe und nichts als Liebe.

Die Liebe ist ewig kreativ und schöpferisch, weil es ihr Wesen ist, die Fülle die alles in sich trägt und ist weiterzugeben und zu vermitteln. Sie gebiert aus sich selbst das andere, um es an ihrem unerschöpflichen Reichtum teilhaben zu lassen. Deshalb werden das Eine und die Liebe nicht nur gut, sondern als das Gute selbst genannt, weil sie das was sie sind und haben nicht bei und für sich behalten, sondern verschwenderisch weitergeben und vermehren, um den aus ihnen kommenden anderen daran teilhaben zu lassen. Hervorbringen und Teilgeben sind die ursprünglichsten Wesensmerkmale der Liebe. Sie kann nicht bei sich halten, sondern muß schaffen, geben und sich schenken. Was sie gibt ist sie selbst. Sie hat alles und behält nichts für sich. Und obwohl sie ewig schafft, kreiert und schenkt, wächst sie dauernd und Minderung ihrer Fülle findet nicht statt. Sie ist das, was sich im Geben vermehrt, sie ist das, was sich im Verschenken erfüllt. Sie ist das Prinzip des Lebens selbst, das ewig aus sich selbst wächst, quillt, hervorbringt und ewig neues Leben und neue Fülle gebiert.

Sie ist das Paradox dessen, das im ewigen Ausfließen zunimmt und im ewigen sich Verschenken wächst. Sie ist das, was unerschöpflich aus sich selbst gibt und dabei beständig selbst an Fülle und Würde zunimmt. Deshalb sagen die Weisen und Schriften, daß Gott die Liebe sei, weil die Liebe das Höchste und Ursprünglichste von allen Qualitäten, Attributen und Eigenschaften ist, die für uns benennbar sind und die der absolute Geist, der sich als Lichtaura des Einen manifest und aus jenem hervorgegangen ist, annehmen kann und in sich hat. Ja auch daran hat die Liebe Anteil und ist ihr eigentlicher Grund, daß der Geist als Erwachen des Bewußtseins aus dem Einen hervorging. Die Liebe erkennen wir damit auch als Mutter und Ursprung Gottes und des absoluten Geistes. Die Liebe ist ewig quellende Kraft und Energie, ewig sich vermehrende Fülle, das erste und ewig Ursprüngliche, das aus dem Einen als dem absoluten Ursprung und Quell von allem, ausfließt und hervorgeht. Die

Liebe ist die schöpferische Kraft von allem und in allem. Und alles, was seinerseits schöpferisch und produktiv ist, ist und hat dies vermittels und aus der Liebe. Wie alles aus der Liebe stammt und selbst Liebe ist, so ist es auch die Liebe, die alles Geschaffene vermehrt und aus der heraus es selbst zeugen, gebären und sich zu vermehren vermag.

Die Liebe ist aber nicht nur der Anfang und Ausgang allen Seins und Lebens, sondern auch der Quellgrund allen Wachsens und aller Entwicklung. Entwicklung ist der Weg des Samens, der Weg all dessen, was im Anfang als Funke und Lebenskeim gesät ist. Jedes lebende Wesen und jedes geschaffene Universum beginnt als Funke ewigen Lichtes. Licht sät Licht. Die Liebe ist es, die das eine Licht vervielfältigt und vermehrt, aus dem Einen ein (geeintes) Vieles macht.

Alles, was ist, ist Geist und Liebe. Geist und Liebe sind die beiden Urqualitäten des Seins und Lebens. Geist und Liebe sind der Ursprung und die Substanz alles Seienden. Geist ist Licht und Liebe ist Leben. Geist und Liebe sind die beiden Urqualitäten, die All und alles umfassen und durchdringen, tragen und beleben. Alles ist was es ist aus dem Geiste und aus der Liebe. Sein ist Geist, Werden ist Leben und Liebe. Das ist die Bestimmung und das Schicksal aller lebenden

Wesen und geschaffenen Dinge. Ihr Weg zeichnet eine Spur ewigen Wachstums. Und alles wächst durch seine Teilhabe an der Liebe und der unmanifesten Fülle des Einen.

Die in der Zeit stetig sich vollziehende Manifestation ist der eigentliche Sinn und Grund allen Hervorgangs und Werdens und das ist das Wesen der Liebe: Die unbegrenzte, unmanifestierte Fülle des alltranszendenten Einen (oder Tao) in ewigem Quellen und Gebären auf der Bühne von Raum und Zeit zu manifestieren und damit die verborgene Herrlichkeit und Fülle aus ihrer Verborgenheit hervorzuholen und in der Welt des Seins und Werdens zu offenbaren. Nichts, das offenbar geworden, wird und werden kann, ist nicht schon ewig und anfangslos als Möglichkeit im absoluten Einen enthalten. Was dort aber nur als Möglichkeit denkbar und verborgen ist, ist im gewordenen Sein als strahlendes Licht und Mysterium des Lebens sicht- und offenbar geworden. Das ist Erfüllung und Glückseligkeit, die Erfahrung der Unzerstörbarkeit, der unbegrenzten Fülle, Erhabenheit und Würde des Seins in der Teilhabe des begrenzten Individuums an der in ihm sich manifestierenden unbegrenzten Weite und Fülle des absoluten Geistes, das die Liebe ermöglicht und gewährt.

Somit ist die Liebe der Ursprung, der Weg aber auch die Vollendung unseres Seins und Lebens. In der Verwirklichung der Liebe findet alles seine Bestimmung und das ist auch die letzte Vollendung unseres Lebens. Deshalb nennen wir die Liebe und das Leben heilig, weil sie Zeugnis geben von der überweltlichen Fülle und Herrlichkeit des Geistes in der Welt. Und deshalb gibt es auch nichts Profanes, das nicht heilig wäre, weil es sowohl durch seinen Ursprung im alltranszendenten Einen als auch durch seine uneingeschränkte Teilhabe an Jenem seine unvergängliche unleugbare Würde und Heiligkeit hat. Aus der Liebe, in der Liebe und zur Vollendung der Liebe hin – das ist der Weg aller lebenden Wesen, alles Zeitlichen und Geschaffenen überhaupt.

Damit haben wir gezeigt, daß die Liebe die Verwirklichung der Dialektik des Logos und ihrer drei Prinzipien ist. Sie ist Anfang, Mitte und Vollendung, Abstieg, Verwirklichung und Rückkehr aller Wesen und Dinge aus dem Einen durch die Vielheit der qualifizierten Welt (oder des Kosmos der Ideen und Erscheinungen) wieder zurück in die unzerlegliche Einheit des absoluten Einen.

Die Liebe als Quellgrund und Vollendung des Lebens

Da, wo wir im Seelenbewußtsein erwacht sind und zu authentischer Selbstliebe gefunden haben, dort erfahren wir in uns als in der Tiefe unseres Herzens auch den Quell der bedingungslosen und allumfassenden kosmischen Liebe. Sie ist Ausdruck und eins mit der Erfahrung des kosmischen Bewußtseins.

Ich erinnere mich all der überwältigenden Erfahrungen göttlicher Berührung – sowohl als Erlösung aus emotionalen Bedrängnissen meines Ego als auch als Geschenk höherer Erkenntnisse und Offenbarungen. Dabei erinnere ich mich dieses unglaublichen Gefühls von Dankbarkeit als ich meinen Verstand erstmals transzendierte und die wahre Glückseligkeit des Seins erfuhr. Es waren meine Geistführer, die mir jenes Gefühl des Selbst vermittelten, worin ich mich erstmals als universelles Leben und zugleich unikes, absolut von Gott geliebtes individuelles Wesen wahrnahm.

Seither weiß und lebe ich die Erkenntnis, daß Liebe die erwartungsfreie Wahrnehmung und Annahme seiner selbst als auch jedes anderen ist. Die Liebe nur erkennt Wahrheit und Wesen all dessen, was lebt und ist. Und sie erkennt sich als eins mit allem, was ist. Und das ist Alleinssein bzw. emotionsfreie Glückseligkeit des Seins.

Daß die Liebe alles ist und alles Liebe sei, können wir in unserem Herzen unmittelbar erfahren und fühlen. Ich erinnere mich an mein erstes diesbezügliches Erlebnis:

Ich stand damals – es war Frühsommer – unter einem blühenden Apfelbaum und schaute auf die grünen Hügel vor mir, als die Stille zu mir zu sprechen begann. Sie sprach über die Freude und Fülle der Liebe und sie sprach so: Daß die Liebe Blüte, Wachstum, Fülle und Frucht hervorbringt, das bestätigt jede Seele, daß sie aber in allem und überall ist, sehen nur wenige wache Geister. Tatsächlich aber ist alles Liebe, alles, was ist, was sich bewegt und auch das, was unbeweglich ist. Du siehst nicht nur die Herrlichkeit und Buntheit der Natur, ihrer Pflanzen und Tiere, sondern auch das Treiben und Schaffen der Menschen. Sie alle trachten nach Liebe, wollen lieben und geliebt sein. Sie erschaffen ihre eigene Welt, erfinden Maschinen und Geräte, pflügen die Äcker und besäen die Felder, aber sie stiften auch Unfug und Zwist und verbreiten Angst und Terror. Sie schreiben Gedichte und komponieren Sinfonien, aber sie bedrängen auch die Natur in ihrem Rausch und ihren unbändigen Süchten. Die Liebe hat ihnen die Freiheit gegeben, zu tun und zu lassen, wie es ihnen gefällt. Die einen streben nach Licht, die anderen aber säen Dunkelheit und Verwirrung. Und du erkennst, auch all das, was Menschen tun und lassen, denken und wirken, ist Ausdruck der Liebe.

Doch wie kannst Du so etwas sagen? Siehst Du nicht, wie viel Leid und Elend sie in ihrer Blindheit anrichten und in ihrem Wahn stiften?

Ja, doch. Auch dort und darin sehe ich die Liebe. Die Liebe ist es, die all das Leid und Elend selbst trägt. Die Liebe ermöglicht und die Liebe gewährt. Die Liebe ist es, die all das Treiben zuläßt und gestattet. Sie gestattet es um des Gewährens von Erfahrung willen und um der Möglichkeit, zu erkennen, zu reifen und zu wachsen. Die Liebe ist langmütig und still, demütig und voll der Barmherzigkeit. Sie gibt und nimmt, was uns in unserer Erbärmlichkeit unseres kurzsichtigen Denkens hilft zu erkennen und zu wachsen, und führt alles über tausend Straßen zur seiner vorbestimmten Vollendung.

So hat es uns schon Paulus gesungen: „Die Liebe ist langmütig, gütig ist die Liebe, die Liebe ist nicht eifersüchtig, sie prahlt nicht, ist nicht aufgeblasen. Sie handelt nicht taktlos, sie sucht nicht den eigenen Vorteil, sie läßt sich nicht erbittern, sie trägt das Böse nicht nach. Sie freut sich nicht über das Unrecht, freut sich vielmehr mit an der Wahrheit. Alles deckt sie zu, alles glaubt sie, alles hofft sie, alles erträgt sie.

„Die Liebe hört niemals auf. ... Nun aber bleiben Glaube, Hoffnung, Liebe, diese drei; am größten jedoch unter ihnen ist die Liebe." (1 Kor 12, 31 - 13,13)

„Denn ich bin gewiß, daß weder Tod noch Leben, weder Engel noch Herrschaften, weder Gegenwärtiges noch Zukünftiges, noch Mächte, weder Höhe noch Tiefe, noch irgendein anderes Geschöpf uns zu scheiden vermag von der Liebe Gottes, die in Christus Jesus ist, unserem Herrn." (Römer 8, 38 – 39)

Und: „Die Frucht des Geistes aber ist Liebe, Freude, Friede, Langmut, Milde, Güte, Treue, Sanftmut, Enthaltsamkeit; hinsichtlich dieser Dinge gibt es kein Gesetz. Die, welche Jesus Christus zugehören, haben das Fleisch mit seinen Leidenschaften und Gelüsten gekreuzigt." (Gal. 4, 22)

Alles ist Geist und Liebe

Da, wo wir zu uns selbst erwacht sind, erfahren wir unser ganzes Sein und Leben als von allen Seiten gehegt und getragen. Wir fühlen uns rundum geborgen und getragen und uns selbst als Kinder göttlichen Seins und von unbeschreiblicher Gnade durchdrungen. Diese Erfahrung allumfassender Erfüllung und Gnade bildet die Basis unserer tieferen spirituellen Erkenntnisse.

Ist das Tao oder Hen (das Eine) der absolute Ursprung und oberste Grund von allem, was ist und sein kann, so bildet der Geist dessen Spur – seine erste Manifestation. Die Weisen des Orients nennen den absoluten Geist als erste Manifestation des absoluten, alltranszendenten, überseienden Einen, Brahman. Brahman qualifiziert als reines Sein, reines Gewahrsein und vollendete Glückseligkeit. Auf Sanskrit werden diese drei Urqualitäten des absoluten Geistes Sat-Chit-Ananda genannt.

Geist ist Sein und Sein ist Geist. Da das reine Sein durchsichtig und allgegenwärtig ist, ist es Geist. Geist ist Bewußtwerden des Seins als seiend. Das Gewahrsein der Unbegrenztheit und Unzerstörbarkeit des Seins ist Glückseligkeit. Wie das Sein bzw. der Geist, hat Glückseligkeit keine Grenze; sie ist allgegenwärtig und umfaßt das ganze All und alles, was ist und lebt. Das aber ist Liebe, daß die Glückseligkeit des Seins alles Seiende in seinem Glücke umfaßt. Liebe ist die Kraft, die von ewig her und unaufhörlich aus dem anfanglosen Einen ausfließt und alles, was mit ihr aus dem einen hervorgeht und geschaffen ist, umfaßt und zu seiner Vollkommenheit und Vollendung in der Glückseligkeit des Seins führt. Die Glückseligkeit, die eins ist mit der Liebe, ist damit als solche selbst Quell und Ursprung der Liebe und damit aber auch allen Werdens und Vergehens.

Das erste, das also aus dem Einen als dem obersten Quell hervorgeht, sind Licht und Liebe. Das Licht aber ist sehende Kraft – also Geist. Geist offenbart sich als ewiges Bewußtwerden und Licht. Der Geist wird seinerseits selbst zum Ursprung aller weiteren möglichen und wirklichen Manifestationen, die den Kosmos des Einen erfüllen und bevölkern. Die erste Hervorbringung des Geistes ist die Seele. Wie der Geist ein Bild des Einen ist, so ist die Seele ein Bild des Geistes und trägt als solches alle Qualitäten und Eigenschaften des Geistes als ihres Vaters keimhaft in sich. Darüber hinaus bildet die Seele ihrerseits den schöpferischen Grund und Boden für das aus ihr hervorgegangene physische Universum von Galaxien, Sternen, Sonnensystemen und verkörperten Wesen, die die unterste Sphäre in der Kette der aus dem Einen entsprungenen Manifestationen bildet.

Das erfahren wir, wenn unser denkender Geist zur Ruhe und das Herz in die Stille kommt. So wie ich mein eigenes Herz als Quellgrund und Ursprung des gesamten Universums und all der darin wohnenden Wesen und Dinge erfahren habe, so will es jede Seele in sich finden.

Es ist ja das eine Selbst, das sich im Herzen manifestiert und von dort aus sich selbst die Vielfalt der unterschiedlichsten Wesen und Individuen projiziert. Es ist Gott, der in all diesen Namen und Formen Gestalt annimmt und darin seine verborgene Fülle offenbart.

Da alles aus ein und demselben Ursprung stammt, bilden Licht und Liebe als die ersten Emanationen des Einen, die allen gemeinsame Substanz. Das Licht aber nimmt infolge der ihm von seinem alltranszendenten Ursprung her einwohnenden Eide und Ideen allerlei Formen an und bildet in deren Gestaltwerdung sodann die Mannigfaltigkeit aller lebenden Wesen und leblosen Dinge, die das physische Universum konstituieren und bevölkern.

In seiner gestaltgewordenen und zu Bewußtsein erwachten Form nennen wir das Licht den Geist. Der Geist ist in allem und alles ist seiner Substanz nach Geist. Auch Seele und Materie sind durch und durch von Geist durchdrungen und umfaßt. In diesem Sinne erkennen wir, daß auch die Materie, die gleichsam eine Ausscheidung der Weltseele ist, ihrem Wesen nach Geist ist. Geist ist Sein und alles, was ist, ist Geist.

Die Kraft aber, die den Geist durchwirkt und gestaltet und die in ihm verborgenen Eide und Ideen (Urbilder und Seinsqualitäten) offenbart, ist die Liebe.

Das aber macht den Unterschied zwischen Licht und Liebe, bzw. Geist und Leben, daß sie δυναμις und ενεργεια, Manifestation in Potenz wie auch im Akt sind. Die Inder nennen diese zwei Aspekte des absoluten Seins Shiva und Shakti. Shiva und Shakti bilden die Aspekte des in sich ruhenden Geistes und der alles bewegenden, ewig aus sich selbst strömenden Liebe.

Der große indische Dichter-Heilige Jnancshwar Maharaj hat dieses Zusammenspiel von Shiva und Shakti, von reinstem Gewahrsein und höchster Glückseligkeit der Liebe, das einem kosmischen Tanz gleichkommt, in seinem Hymnus „Amritanubhav – The Union of Shiva and Shakti" ergreifend zum Ausdruck gebracht. Es heißt darin:

„The Lover, out of boundless love, has become the beloved. ...
And out of love for each other, they merge.

And again they separate for the pleasure of being two.

„Der Liebende, aus seiner grenzenlosen Liebe
   wurde selbst zur Geliebten; beide bestehen aus
gleichem Sein.“
...
Aus Liebe zueinander verschmelzen sie,
   und wieder trennen sie sich aus dem Glücke
zwei zu sein.“

Alles Sein und Leben wird darin als ein Spiel von Licht und Liebe, Geist und Natur, bzw. als ein großes Drama zum Ergötzen Shivas dargestellt. Parama Shiva, der absolute Geist als erster und oberster Aspekt allen Seins selbst ist es, der in der Zweiheit von Shiva und Shakti zum Grund der Schöpfung wird. Er hat sich in zwei geteilt, um sich der schöpferischen Magie der Zweiheit zu erfreuen und im Zauber gegenseitiger Liebe wieder zu vereinen und in die Seligkeit des Einsseins zurückzukehren.

Wie eine große Zauberin, die aus einer Zaubertüte ihr gewaltiges Feuerwerk hervorbringt, so erzeugt Shakti das bunte Drama der Schöpfung, um Shiva zu ergötzen. Er jedoch bleibt ihr verborgener Zeuge, der allein auf die Liebesregungen ihres Herzens schaut.

Jnaneshwar konstatiert die erfahrene Wahrheit in seinen Versen:

„She made evident the Glory of Her Lord,
by spreading out as heaven and earth,
And He made Her famous by concealing
    Himself."

„Sie macht Seine Herrlichkeit offenbar,
indem Sie sich als Himmel und Erde
    ausbreitet,
und Er macht Sie berühmt, indem Er Sich
    verbirgt."

Shiva ist der einzige Zeuge des gesamten Weltprozesses – innen und außen. Als Manifestation des Brahman-Selbst ist er das eine Subjekt jeder Erfahrung und jeder Erkenntnis und Shakti die eine – ewig mit ihm vereinte – allesbewegende Kraft:

„Each is object to the other;
but they are subjects to each other as well.
Only when together do they enjoy happiness.
It is Shiva alone who lives in all forms;
He is both the male and the female. ...
It is because of the union of these two,
that the whole universe exists."
    (Verses 16 & 17)

Jeder ist des anderen Gegenüber;
aber zugleich sind beide durch einander
 bedingt.
Und nur in Gemeinschaft genießen sie Glück.
Es ist Shiva allein, der in allen Formen lebt;
Er ist beides, männlich und weiblich. …
Und nur in der Einheit von beiden
besteht diese Welt". (Verse 16 & 17)

Paramashiva (Cit) und Shakti (Citi) entspre-
chen dem reinen *Nous* und seinem *Logos*. Der
Nous ist absolutes unbewegtes bezeugendes Bewußtsein, der Logos aber ist die göttliche Liebe
als dessen dynamische Kraft. Im chinesischen
Taoismus wird das Eine als das Tao und die aus
ihm ausfließende kosmische Ur- und Lebenskraft
als 氣 (Qi) bezeichnet. Es ist ein und dieselbe
Kraft. Und sie manifestiert sich in der Urpolarität
von Yin und Yang.
Doch zurück zu den Versen des Amritanubhav
– dem Nektar der Einheit des Seins:

„Ihr (Shivas und Shaktis) einziger Seinsgrund
 ist das Ergötzen Ihrer Seligkeit,
und niemals gestatten sie ihre ewige Einheit zu
 trennen.
...
Sie sind so bar jeder Trennung,

daß selbst Ihr Kind, die Welt, Ihre Einheit
nicht stört.

...

Zu selig ist ihre Einheit für das Universum, sie
zu umfassen,
dennoch sind sie beide im kleinsten Atom.

...

Sie allein sind es, die das Haus des
Universums bewohnen.
Und wenn der Herr des Hauses schläft,
ist die Herrin hellwach und erfüllt die Aufgabe
beider.

Wenn Er jedoch erwacht, so verschwindet das
Haus
und nichts Geschaffenes bleibt über.
Sie wurden zwei, um Vielheit zu schaffen,
und beide suchen ewig einander, um Eins
zu sein.

...

Es ist um der Einheit der beiden, daß diese
Welt existiert.

Die Göttin offenbart die Herrlichkeit Ihres
Herrn,
durch die Entfaltung Ihrer leiblichen Form.
Und Er macht Sie berühmt, indem Er Sich
verbirgt.

...

Wenn Er Sich verbirgt, erkennt Ihn niemand;
allein durch die Gnade, die Sie verschenkt,
finden wir Seinen verborgenen Ort.
...
Der Mensch findet sich selbst, wenn er
erwacht,
desgleichen sah ich den Gott und die Göttin
durch Befreiung vom Ich."

(Übersetzt aus: Jnaneshwar Maharaj, Amritanubhav, Kap. 1, The Union of Shiva and Shakti)

Was hier über das Wesen des höchsten Seins
gesagt ist, gilt für alle zum Sein erwachten lebenden Wesen, so auch den Menschen. Auch der
Mensch ist seinem Ursprung und seiner Substanz
nach nichts anderes als Geist und Liebe. Und das
Leben ist ein Tanz dieser beiden Aspekte.

Die Substanz (ουσια) des Seins (ειναι) ist
Geist (νους), seine sakrale Qualität aber ist Lie-
be. Liebe ist die Ur-Energie allen geschaffenen
Seins und Lebens – sie ist die Bedingung und
Voraussetzung allen Werden und Vergehens, ja
jeder Bewegung und Veränderung überhaupt und
zugleich die unwandelbare Ursubstanz des reinen
Seins und alles Seienden schlechthin.

Die Liebe als Ursache von Erfüllung und Glückseligkeit, wie auch von Schmerz und Weh

Jeder, der je vom Blitz der Liebe getroffen war, hat in ihr beides erfahren: unglaubliche Beglückung und Erfüllung aber auch den tiefsten – bis hin zur Agonie reichenden – Schmerz. ...

Ob im ersten Verliebtsein und dem Erwachen aus seinem Traum, oder der ersten Begegnung mit Gott und der Konfrontation mit unserem Ego, überall bedeckt unser wahres Sein ein quälender Schleier von Illusion. Die Frage ist: Wer bin ich? Was ist die Wahrheit meines Seins? Wie gelange ich zur Erfahrung meiner unbegrenzten Göttlichkeit?

Das bedarf meiner bewußten Entscheidung der Annahme meiner Selbst und der Verabschiedung von den Mustern und Gewohnheiten der Selbstaufgabe und des Leidens. Gott ist allezeit bei und mit uns und verfügte über jegliches Mittel der Heilung und Befreiung aus unseren selbstgemachten Gefängnissen und Leidensgeschichten. Wir müssen uns nur ihrer bedienen und das bedeutet die Wahrnehmung und Annahme der Wahrheit und der Unendlichkeit unseres Seins.

Von Gott heißt es: „Ich verletze und Ich heile, Ich töte und Ich mache lebendig. Ich bin Gott und kein Gott sonst bei mir." Es ist die Stimme der Liebe, die da spricht. Wo sie verletzt oder tötet, verletzt oder tötet sie nur das, was vergänglich und verletzbar ist und das sind unser Stolz und unsere Eitelkeit, unsere Selbstsucht und unsere Vermessenheit. Die Liebe ist der Tod des Ego und die Auferstehung des Selbst.

So sagen es uns selbst die Hits: „Killing me softly with your song. ... Und da war dieser junge Kerl, mir komplett unbekannt, ... brachte jede Saite, jeden Schmerz zum Klingen. Hat mir mein Leben erzählt, mit seinen Worten. ... Ich hab gebetet, dass er endlich aufhört, aber er hat weitergemacht. Hat weiter gesungen, als ob er mich kennen würde, meine dunkelsten Seiten, meine ganze Verzweiflung. Und dabei hat er durch mich durchgeschaut als ob es mich nicht gäbe. Hat einfach weiter gesungen, laut und deutlich alles erzählt. Das ist, wie wenn dich jemand ganz zärtlich tötet."

Und der Sufi-Dichter Rumi besingt seine ihn rundum verwandelnde existentielle Begegnung mit seinem Meister Shams in folgenden Worten:

„Der König der Liebe setzte dich matt,
o zürne nicht, daß er bezwungen dich hat!
Tritt ein in das Tal des Entwerdens und schau:
Im Innern der Seele blüht Au über Au!
Tust du aus dir selbst einen Schritt nur voran,

sind Himmel um Himmel dir aufgetan!
Der König der Wahrheit kommt dir zu Gesicht
Und Zelte und Fahnen vom Ewigen Licht.
Du Schams bist mein Shah, und du setztest
    mich matt:
O selig der Sieg, der uns eint im
    ‚Schachmatt'!"

Die Liebe richtet auf und die Liebe streckt nieder. Sie gibt allem, das, was es braucht um zu sich selbst und seiner Wahrheit, seinem unsterblichen Kern zu finden. Wenn das Licht des Geistes vermittels der Gnade der Liebe in uns erwacht, dann sehen wir in seinem ungetrübten Schein die allem in seiner Ganzheit einwohnende Vollkommenheit und den bis zum Abschluß seiner Bestimmung geschlossenen Kreislauf des Lebens als Ganzem. Wir erkennen: Alles ist vollkommen – auch das, was hier töricht und voll der Mängel erscheint – denn alles ist ja nur Durchgang, aber notwendiger Durchgang in der Verwirklichung der allem und jedem von Anfang an bestimmten Seinsvollendung im Lichte des absoluten Geistes und der bedingungslosen, alles vollendenden Liebe.

Was uns als Verirrung erscheint und aus der Sicht des Lichtes vielleicht auch Verirrung ist, ist Ausdruck des Unbewußten und der Unbewußtheit auf dem Wege des Erwachens und Bewußtwerdens. Wie es heißt: Allen Dingen wohnt ein göttlicher Funke inne, und das Licht im Übel, in der Lüge und in der Bosheit, ist das Licht der verdrängten Wahrheit und der Umkehr, das Licht des erwachenden Erkennens.

Deshalb trägt und duldet die Liebe alles, weil sie alles als Ausdruck und Akt des Suchens und Strebens nach Licht und Erkenntnis und Seinsvollendung gewahrt.

Was mich betrifft, so hatte ich das große Glück, gegen seelischen Schmerz weder aufzubegehren noch zu rebellieren. Und es war wahrhaft ein großer Segen, denn es gab in meinem Leben viele Situationen – insbesondere den Verlust von geliebten Menschen aber auch Verleugnungen durch „Freunde" oder „Schüler" –, die mir tiefen Schmerz verursachten. Mir war bewußt, daß es mein Ego war, das sich hier verletzt fühlte. So gelang es mir zu begreifen, den Schmerz als treuen Freund zu sehen und anzunehmen. Ich sagte mir: „Der Schmerz ist mir der nächste und beste Freund. Er ist mir allezeit nahe, er betrügt mich nicht, er belügt mich nicht, sondern ist allezeit treu und wahrhaftig. Ja, er ist mein bester Lehrer, denn er führt mich zu meinem wahren Kern und der Wahrheit meiner selbst."

So habe ich in der Annahme des Schmerzes, Wandlung und Erlösung von allerlei Illusionen und Verhaftungen erfahren und mich schließlich weitgehend davon befreien können. Ich erinnere dabei einen Moment, wo mir bewußt wurde, daß sich mir alle je gehegten Wünsche, Hoffnungen und Erwartungen – sowohl in Beziehungen, als auch in meinem sonstigen Leben –, sicher niemals erfüllen würden. Das war ein Moment, in dem mir bewußt wurde, daß nun all meine Träume für immer zerbrochen sein würden. Obwohl es ein Moment des völligen „Untergangs" war, war mir doch zugleich bewußt, daß das wohl auch der Moment meiner größten Befreiung sein würde. Und so war es denn auch. Schon wenige Tage danach fühlte ich mich unglaublich befreit und erleichtert.

So kann ich nur aus der Tiefe meines Herzen in aller Dankbarkeit bezeugen, daß es allein die in Wahrheit gelebte Liebe ist, die uns weder Schmerz noch Erschütterung erspart, die uns aus der Welt des Träumens erweckt und zur Geburt in unserem göttlichen Selbst führt.

So erkennen wir aus der Tiefe unseres Seins und unserer Seele: Ja, alles ist Liebe und es gibt nichts, was nicht in ihr wäre. Und auch das Unbewußte, das Unvollendete, das Widerwärtige und Mühselige, alles Elend und scheinbar Mangelhafte und Üble sind nichts als Seinsvollendung im Werden. Und wer mit den Augen der Liebe schaut, der sieht nichts anderes. Er sieht

nichts als Licht und Leben. Ihm ist alles Liebe
im Sein und Werden.

Wir alle kennen die bekannten Verse über die
Liebe von Khalil Gibran. Da heißt es:
Da sprach Almitra: „Rede uns von der Liebe."
Und er erhob das Haupt und blickte auf die
Menge, und es fiel ein Schweigen über sie. Und
die große Stimme sprach also:
„Winkt dir die Liebe, so folge ihr,
Sind auch ihre Wege hart und steil.
Und umfahn dich ihre Flügel, so ergib dich
ihr,
Mag auch das unterm Gefieder
    verborgne Schwert dich verwunden.
Und redet sie mit dir, so trau ihrem Wort,
Mag auch ihre Stimme deine Träume
    erschüttern,
wie der Nordwind den Garten verwüstet.
Denn gleich wie die Liebe dich krönt,
    so wird sie dich kreuzigen,
Wie sie deinen Lebensbaum entfaltet,
    so wird sie ihn beschneiden.
Wie sie emporsteigt zu deiner Höhe
    und die zartesten Zweige liebkost,
die in der Sonne erbeben,
Ebenso wird sie hinabsteigen zu
    deinen Wurzeln
und sie aufrütteln in ihrem Festklammern

am Erdboden.
Gleich Garben von Korn rafft sie dich an sich.
Sie drischt dich, um dich zu entblößen.
Sie siebt dich, um dich von Spreu zu befrein.
Sie zermalmt dich, bis du weiß wirst,
Sie knetet dich, bis du geschmeidig bist.
Und dann beruft sie dich an ihr heil'ges Feuer,
auf daß du heil'ges Brot werdest
        zu Gottes heil'gem Festmahl.
All dies soll Liebe dir antun, auf daß du
        kennest das Geheime
deines Herzens und in diesem Wissen
        ein Bruchteil werdest vom
        Herzen des Lebens.
Doch suchest du in deiner Angst nur der
        Liebe Ruh' und der Liebe Lust,
Dann tätest du besser, deine Nacktheit
        zu verhüllen
und der Liebe Tenne zu entfliehn,
In die schale Welt, wo du wirst lachen,
        doch nicht dein ganzes Lachen,
und weinen, doch nicht all deine Tränen.
Liebe gibt nichts als sich selber und
        nimmt nichts als aus sich selbst heraus.
Liebe besitzet nicht und läßt sich nicht
        besitzen;
Denn Liebe genügt der Liebe.
Wenn du liebst, so sage nicht: „Gott ist in
        meinem Herzen."

Und denke nicht, du könntest der Liebe
    Lauf lenken;
denn Liebe, so sie dich würdig schätzt,
    lenkt *deinen* Lauf.
Liebe hat keinen anderen Wunsch, als sich
    zu erfüllen.
Doch so du liebst und noch Wünsche haben
    mußt, so seien dies deine Wünsche:
Zu schmelzen und zu werden wie ein
    fließender Bach,
der sein Lied der Nacht singt.
Zu kennen die Pein allzu vieler Zärtlichkeit.
Wund zu sein von deinem eignen Verstehn
    der Liebe;
Und zu bluten, willig und freudigen Herzens.
Zu erwachen beim Morgenrot mit
    beschwingter Seele und Dank zu bringen
    für einen neuen Tag der Liebe;
Zu rasten um die Mittagsstund' und
    nachzusinnen über der Liebe
    Verzückung;
Heimzukehren in Dankbarkeit,
    wenn der Abend graut;
Und dann einzuschlafen, mit einem Gebet
    für dein Lieb im Herzen und
    einem Lobgesang auf den Lippen."

Hier ist eigentlich alles gesagt – alles, was uns
zu unserer göttlichen Bestimmung führt und un-

ser Leben wirklich lebenswert macht. Wer auch immer zur Liebe erwacht ist, weiß es: Ziel und Bestimmung des Lebens und der Liebe sind reine Glückseligkeit und Fülle, der Weg dahin ist aber oft dornenreich und hart.

Betrachten wir die Liebeslyrik der Liebenden und Mystiker aller Zeiten und Kulturen, so sehen wir, die immer wiederkehrenden Grundthemen der Liebenden – oder genauer der zur Liebe erwachenden und reifenden Seelen – bilden Sehnsucht und Schmerz.

Im Unterschied zu Leid, das seinen Ursprung in der Vorstellung des individuellen Geistes in einem Getrenntsein von Gott und damit dem Empfinden eines allumfassenden Seinsdefizites hat, ist der Schmerz die temporäre Erfahrung des Absterbens des Ego und der Persona. Grund und Ursprung allen Wehs und Liebesschmerzes bilden also im Wesentlichen das Dahin-Schmelzen und Absterben des kleinen Ich, das Entwerden des in uns Gewordenen, also der im Körper inkarnierten Vorstellungswelt des individuellen Geistes oder Verstandes, des illusorischen Ich. Was bleibt ist der ewige Mensch, der ungeschaffene Kern unseres Selbst. Und das bildet die zweite Hälfte des Liebesschmerzes – die Geburtswehen des wahren Selbst.

Die Sehnsucht des Herzens und ihre Erfüllung in der Annahme unserer Göttlichkeit

Ich war seit Geburt, mindestens aber seit meiner frühen Jugend, ein Schwärmer und Träumer, aber auch rastloser Sucher. Mein halbes Leben lang habe ich in allerlei Vorstellungen geschwelgt und mich zugleich nach Erlösung aus der Gefangenschaft meiner leidlichen Biographie gesehnt.

Immer wieder hatte ich Erfahrungen des Entrücktseins in eine andere Welt, der Transzendenz meines begrenzten Ich und des Einsseins mit Gott und der Welt gehabt, und schon bald mußte ich wieder zurück in die Erfahrung jenes elenden Ich zurückkehren. Eben hatte ich mich noch in den Sternen und die Sterne in mir wahrgenommen, und schon steckte ich wieder fest in diesem Körper und seinen Klamotten. Wie ich es ausdrückte: „Reibt und kratzt am Hals der Kragen." Was mir aber besonders zusetzte, war, daß diese Entrückungen völlig unangekündigt kamen und vergingen und ich nichts, aber schon gar nichts dazu tun konnte, sie herbeizuführen oder gar in ihnen zu verweilen.

Wir kennen das Wort des Augustinus: „Unruhig ist das Herz, bis es ruht in Gott." Der Mensch, der sich noch nicht gefunden hat, ist bang und ängstlich, weil er sich leer und fern von dem Ziele und der Erfüllung seines Herzens fühlt.

Und Rumi sagte: „Im Menschen liegt eine Liebesleidenschaft, ein Schmerz, ein Suchen, Kratzen, Drängen, so daß er, selbst wenn ihm hunderttausend Welten gehörten, noch immer nicht Ruhe und Rast fände, solange er sein Ziel nicht erreicht hat. Diese Geschöpfe lernen jedes Handwerk, jede Kunst und jeden Beruf, sie studieren Astronomie und Medizin und was immer auch und ruhen nicht; Denn das, was ihr Ziel ist haben sie immer noch nicht erreicht. Schließlich nennt man den Geliebten „Herzensruhe", weil das Herz Ruhe in ihm findet.

Alle diese Begierden und Ziele sind wie eine Leiter, und da die Stufen einer Leiter nicht ein Platz zum Verweilen sind, sondern zum Weitergehen, – wohl dem, der möglichst schnell aufwacht und gewahr wird! ... Dann wird ihm der lange Weg kurz und er vergeudet sein Leben nicht auf den Stufen der Leiter!"

(Rumi: Von Allem und vom Einen (Fihi ma fihi, 16)

Was wir in Wahrheit suchen ist die Stille unseres Herzens, die wir nur dort finden, wo unser Sein und Leben seine Erfüllung hat, nämlich in der Mitte unserer selbst.

Diese Sehnsucht des Herzens und der Seele nach Gott, Licht und Liebe ist in Wahrheit das

Verlangen des Selbst nach dem Selbst, also der Ur-Impuls der Verwirklichung und des Aufgehens des Selbst in sich Selbst, in seiner eigenen grundlosen Tiefe; Das aber beinhaltet über das beständige Nach-Innen-Gehen hinaus, das Loslassen unserer Ansprüche und unseres Wollens, das Erkennen dessen, was wir in Wahrheit zeitlos wirklich sind, nämlich verwirklichte – allezeit in Gott webende, lebende und seiende göttliche Seelen. Das Dienen, das Lieben, das Geben und das Aufgehen im göttlichen Du ist nur der Weg zum Erwachen und Erfahren dieser zeitlosen Wahrheit des Selbst.

Die Weisen sagten: „Gott liebt allein Gott, das Selbst liebt allein das Selbst." Das Selbst aber ist der ewig sich selbst gewahrende und erfahrende absolute Geist, der ewig aus sich heraus und zugleich zu und in sich zurückgehende νους.

Der bekannte Sufi-Meister Al Ghazali sagte: „Der erste Geliebte eines jeden lebenden Wesens ist es selbst, das eigene Ich." Leicht abgewandelt könnten wir auch sagen: „Der erste Geliebte eines jeden fühlenden Wesens ist das Selbst!"

Die Liebe ist Gott und Gott ist Liebe, in ihrer reinsten Form ist sie allumfassende, reine Selbstliebe.

Gott allein ist liebenswert, Er aber ist alles, ist das Selbst aber auch die Erscheinung von allem.

Er liebt allein sich selbst und alles, was ist als dieses Selbst.

Meister Eckhart drückte es so aus: „Gott liebt sich selbst und seine Natur, sein Sein und seine Gottheit. In der Liebe aber, in der sich Gott selbst liebt, darin liebt er alle Kreaturen. ... Gott schmeckt sich selbst. In dem Schmecken, in dem Gott sich schmeckt, darin schmeckt er alle Kreaturen." (Predigten und Traktate (Quint), S 271 f)

Das erste ist unsere leibhaftige, gefühlte Erfahrung, allezeit und ohne Grund und Anlaß, von Gott geliebt zu sein. Er liebt uns – egal ob wir uns groß oder klein, stark oder schwach, froh oder elend fühlen. Auf diesem Weg innerer Berührung unseres Herzens durch seine liebende Präsenz, führt Gott uns zur Erfahrung wahrer Selbstliebe, also dazu, sagen zu können: „Ich liebe mich – was auch beinhaltet, mir selbst von ganzem Herzen zu gefallen – und ich bin mir dessen bewußt, alles in mir zu haben, was ich suche und schätze, und auch in der Lage zu sein, all das aus mir selbst (als aus meinem Herzen) zu schöpfen und mir selbst zu geben, mich also selbst aus dem eigenen Quell zu erfüllen. Sei es Liebe, Zärtlichkeit, Achtung, Aufmerksamkeit, Wertschätzung und was auch immer, all das finde ich in mir und kann mich selbst damit erfüllen." Wie es heißt: Der Weise genügt sich selbst (Seneca).

Was mich im Du berührt, das bin und habe ich selbst. Indem ich zum Du Gottes, Jeshuas, Mariens u.v.a.m. gehe, um es mir dort zu „holen", erwecke und schöpfe ich es in Wahrheit in und aus mir selbst.

Das Dienen und Geben aus dem Herzen ist ein Weg ewigen Aufstieges und ewiger Vertiefung in sich selbst, d. h. aber des Aufgehens im Selbst.

Wir wissen: Der Abstieg geschieht um des Aufstieges willen. – Das aber braucht es hier gar nicht mehr, denn das Aufgehen im Selbst umfaßt alles!

Stillung des Herzens im Sein, die wahre Zufriedenheit und Erfüllung, beginnen im Herzen, in der Stille des Herzens. Die Frucht der Liebe ist sie selbst.

Meister Eckhart hat seine eigene Wahrnehmung gerne durch die früherer Meister untermalt: „Ich ward einmal gefragt, woher das käme, daß guten Leuten so wohl mit Gott wäre, daß sie Gott dienten? Da antwortete ich und sprach: Es käme daher, daß sie Gott geschmeckt hätten, und es wäre ein Wunder, wenn der Seele, die Gott (nur) einmal geschmeckt und gekostet hätte, je hinfort etwas anderes schmecken könnte (P 33). [Denn] wer Gott (nur) von fern wie durch ein Vermittelndes hindurch oder in einer Wolke erkennen würde, (schon) der würde sich (selbst) um den Preis dieser ganzen Welt nicht einen

Augenblick (mehr) von Gott trennen. Was glaubt ihr aber dann, wie überwältigend es ist, wenn man Gott unvermittelt schaut? (P 40)

Ein Heiliger sagt, der Seele, die Gott geschmeckt hat, werde alles das, was Gott nicht ist, unschmackhaft oder zuwider (P 33).

Und ein anderer Meister sagt: Wer (nur) *einmal* von der Wahrheit und von der Gerechtigkeit und von der Gutheit (d.h. von Gott selbst) berührt wird, der könnte sich niemals mehr nur einen Augenblick davon abkehren, und hinge auch alle Pein der Hölle daran (P 49)."

Die innere Ruhe oder Stille des Herzens, auch *pax profunda* genannt, ist das einzig wahre Ziel des Verlangens der Seele, sowie die höchste und letzte Gabe der Liebe. Bei Meister Eckhart heißt es: „Fragte man mich, worauf der Schöpfer abgezielt hat, daß er alle Geschöpfe erschuf, ich würde antworten: *Ruhe*. Fragte man mich zweitens, was Gott in all Seinem Wirken insgesamt sucht, ich würde antworten: *Ruhe*. Fragte man mich zum dritten, was die Seele in all ihren Bewegungen sucht, ich würde antworten: *Ruhe*. Fragte man mich, was all die Kreaturen in all ihren Strebungen und Bewegungen suchen, ich würde antworten: *Ruhe*." (P 45)

„Wir sollen wahrnehmen und erkennen, wie das göttliche Antlitz göttlicher Natur aller Seelen Verlangen nach sich von Sinnen und toll macht, um sie zu sich hinzuziehen. Denn Gott schmeckt die göttliche Natur, das heißt die Ruhe, so wohl, und sie ist Ihm so wohlgefällig, daß Er sie aus sich herausgestellt hat, um aller Kreaturen natürliches Begehren zu reizen und an sich zu ziehen ... Er sucht alle Kreaturen mit Sich wieder in ihren ersten Ursprung, das ist in die Ruhe, zurückzuziehen (P 45).

Friede, wenn nichts mehr zu suchen, zu erlangen oder zu vollbringen, nichts mehr zu finden oder zu fliehen ist, wo wir also bei uns selbst angekommen sind, dort kehrt wahrer Friede, die Stille des Herzens ein. Das ist Seins-Vollendung.

Die Todessehnsucht der Liebe ist die Sehnsucht der Seele nach der Erlösung aus den Fängen des kleinen Ich und seiner Welt, der ewig uns bedrängenden Wünsche und Gedanken (Illusionen).

Ich möchte in deinen Armen sterben ...

Deshalb heißt es: „Was dich ruft ist die Liebe ... "

Das Herz ist Tempel und Wohnstatt Gottes und der Altar oder Opfertisch unserer geistigen Gaben und des Darbringens unserer selbst. Ich erinnere mich an ein Lied von Yogananda, worin er singt: „In the temple of silence, in the temple of peace ... listen to the voice of your Lord.“

Das stille Herz ist der Quellgrund und Ursprung der Liebe in uns. Und unser Glaube ist das Tor zur eigenen Tiefe.

Die Liebe wirkt schweigend, aber sie wirkt ohne Unterlaß. Die Stille des Herzens ist der Ort und die Zeit, da sie ihr Geheimnis offenbart. In ihrer Berührung bringt sie alles zum Schweigen und zu sich selbst. Sie reinigt und scheidet alles aus, was nicht Gottes ist, und erfüllt uns mit den kostbarsten Gottesgaben. Und das beinhaltet alle uns nicht einmal vorstellbare Fülle, denn sie umfaßt alle Qualitäten des absoluten Geistes und des göttlichen Seins.

So führte mich die unerfüllte Sehnsucht meines Herzens nach dem Erleben und dem Verweilen in der Erfahrung des Einsseins mit All und allem, gepaart mit der Empfindung der unausweichlichen Gefangenschaft in meinem Körper und seiner Biographie, zu einem frühen Aufbruch und zur Suche nach einem Weg der Befreiung. Mein Herz und meine Seele hungerten und dürsteten nach der Verwirklichung der transzendenten Weite und Tiefe des inneren Lichtes des Selbst.

Liebe und Wandlung

Die ungestillte Sehnsucht und Suche nach Befreiung und der Fülle des Lebens, führte mich auf tausend Straßen. Ich erlebte Selbsterfahrungsgruppen, Meditationsangebote, suchte in Schriften und spirituellen Übungen, bis ich entdeckte, daß ich auch von „Verwirklichung" recht irreale Vorstellungen hatte. So war es ein Akt der Gnade, daß ich schließlich vermittels eines tiefen Einweihungserlebnisses meinen Weg fand. Über zahlreiche Höhen und Tiefen, allerlei Um- und Irrwege fand ich schließlich zu mir selbst und meinem göttlichen Wesen. Dort kam alle Suche zu einem Ende und ihrer Erfüllung.

Ich kann nicht aufzählen, wie viele Hilfen und Gnaden ich erfuhr, diesen Weg zu gehen und letztlich auch in Gott bei mir anzukommen. Dieser Weg ist ja stets ein Weg fortdauernder Selbsterkenntnis, innerer Reinigung, Heilung an Herz und Seele wie auch der Wandlung unseres Denkens, Fühlens und Wahrnehmens.

Ja: Alles Leben ist Bewegung. Alles, was lebt, sich regt und bewegt, strebt nach oben zu seinem Ursprung; so befindet sich alles auf einem Weg der Wandlung und des ewigen Aufstiegs im Licht.

Alles was ist, ist ja aus dem einen absoluten transzendentalen Geist hervorgegangen; Es ist aus ihm geboren und aus ihm in die Welt der Erscheinungen abgestiegen. Das erste aber ist die Seele. Sie ist der erstgeborene Sohn des reinen Seins, das absoluter Geist ist.

Auf ihrem Weg des Abstieges begann sie ihre unmanifesten Qualitäten zu manifestieren. Wie alles Geschaffene ist auch sie eine Mischung von Vernunft und Unvernunft, von Vollkommenem und Unvollkommenem und auf einem Weg der Wandlung und Vervollkommnung ihrer selbst nach dem Urbild des Geistes, aus dem sie hervorging.

Das aber ist das Prinzip der Rückkehr alles Lebenden in seinen Ursprung: Sich selbst zu suchen und zu finden. Und das ist auch der Lebens-Sinn einer jeden inkarnierten individuellen Seele.

Wie es schon Goethe ausrief:

„Wer dies nicht hat, das Stirb' und Werde,

ist nur ein trüber Gast auf dieser Erde!" (J. W. v. Goethe)

Und im Buch „Antwort der Engel" heißt es:

Ich spreche über die Wiege der Freude!

Haß, Feuer und Gift sind die Wiege der
      Freude.

Die erschaffene Welt ist SEIN Körper.

Kann in IHM Böses sein?

Auch die Galle ist Wiege der Freude,
und dennoch ist sie Gift.
In deinem Körper ist ein Feuer, das nicht
    zerstört,
ein Gift, das nicht tötet.
Wie ist das möglich?
Alles im Großen Plan ist gut,
Wenn du das eine Geheimnis verstehst!
WANDLUNG. Der Mensch ist berufen –
    ZU WANDELN.
Das Schlechte ist das „Mehr".
Das grausamste Tier ist der Mensch,
und er ist die Wiege der ewigen Freude.

NUR UNGEWANDELTE,
    UNGEBRAUCHTE KRAFT
VERWÜSTET, VERGIFTET, ZERSTÖRT.
    (Geste nach unten:)
Gib gut acht! Was hier unten schlecht ist ...
    (Hebende Geste:)
... ist hier oben schon gut.
Das ist die Lösung.
Kräfte sind zerstörerisch,
wenn sie nicht auf ihrem angemessenen Platz
    sind.
Wenn du sie hebst, gibt es keine Zerstörung,
und aus Gift wird Heilung, aus Feuer Licht.
Darum steht der Mensch aufrecht und kriecht

nicht mehr.
Aus allem Bösen, was du ersinnen kannst,
entsteht das Neue Jerusalem.

ES GIBT NICHTS BÖSES –
ES GIBT NUR DIE NOCH NICHT
        ERKANNTE AUFGABE.
ERFÜLLST DU SIE NICHT,
        ZERSTÖRT SIE DICH.

Das Böse ist die Wiege der Freude.
Umsonst flieht ihr vor dem Bösen –
Es gibt nichts Böses.
Das Böse – die ewige Frage des Menschen!
Niemand weiß es, aber ich verkünde euch:
DAS BÖSE IST DAS WERDENDE,
ABER NOCH NICHT GEFORMTE GUTE.

... was nach oben die Neue Welt wird,
wird nach unten: Gift.
Nach oben: Leben,
Geheimnis ewiger Freudenquelle.
Hebst du alles empor,
so hältst du die ewige Freude in deiner Hand.
Es gibt nichts Böses.
Emporgehoben wird die verwüstende
        Kraft des Zornes
Zum Hallelujah.
Das Feuer zerstört – emporgehoben ist es

flammende Freude.

Das ist das Zepter, das ich in eure Hand gebe.
Das Zepter ist Verbindung zwischen unten und
 oben.
...

Der Mensch ist das Zepter in Gottes Hand.
Das Zepter verbindet oben und unten.

(Antwort der Engel, Freitag, 7. Januar 1944)

Aufstieg beinhaltet immer ein Loslassen von
Überkommenem bzw. Gröberen zu Gunsten der
Verwirklichung des ewig aus dem inneren Grund
aufsteigenden Neuen und Feineren. Das ist schon
ausgesagt in dem Wort des Hermes: Scheide das
Grobe vom Feinen. Bewußtwerden ist stets ein
Weg der qualitativen Verfeinerung unseres individuellen Geistes und unserer Seele, unseres
Denkens, Fühlens und Tuns. Er vollzieht sich
nach dem Imperativ des „löse und binde", und
das beinhaltet zum einen
 – wachsende Erkenntnis unserer selbst und der
Mysterien des Lebens, und zum zweiten
 – deren zunehmenden Vollzug im Lebensall-
tag!

Lernen und Reifen besteht immer in der Erweiterung und Vertiefung des Bewußtseins unserer selbst, respektive des Selbst. Denn Selbst und Seele, die in Wahrheit anfanglos in sich selbst ruhen, vollziehen aus der Sicht der individuellen Seele und der Dynamik ihrer Kräfte eine ewige Bewegung in die Richtung der Verwirklichung der ihr aus dem ersten Ursprung eingeborenen unergründlichen Fülle, Weite und Tiefe des absoluten Geistes.

Was jede Seele liebt und nährt, sind Wesens-Berührung und Selbsterfüllung. Was sie berührt, aktiviert ihren Lebensgeist. Was sie erfüllt, ist das ewige Eintauchen in sich selbst. Wenn sie in der Lage ist, sich mit sich selbst zu erfüllen, so ist das höchste Erfüllung.

Alles, was sie in sich trägt, ist solange nur reines Potential, also Möglichkeit, als sie es nicht aus sich selbst schöpfen und manifestieren kann. Dieses Potential beinhaltet beides: ihr wahres Selbst samt der darin wohnenden Samen göttlicher Vollkommenheiten – also göttlicher Qualitäten, aber auch die Neigungen zur Verhaftung an die Welt der Erscheinungen und der eigenen Person. Während die Vollkommenheiten – das sind ihre göttlichen Qualitäten – sie nach oben in ihren Ursprung ziehen, ziehen letztere sie nach unten in die Sphäre der Illusion und des Vergänglichen. Dieser zweite Aspekt neigt dazu, die

Seele an diese untere Welt, die Welt der Erscheinungen, zu verhaften und zu binden.

Ihr Herz aber, das Träger ihres Selbstgewahrseins und ihres Unterscheidungsvermögens ist, trägt den Schlüssel zur Befreiung und Erlösung in sich: In einem Akt reiner Selbsterkenntnis und Entscheidung zwischen den jeweils einander entgegengesetzten Kräften, bildet der Logos das Hegemonikon, also das Zünglein an der Waage und vermag somit über ihr Schicksal zu entscheiden.

Diese Wahrheit hat mich ein Leben lang bei Tag und Nacht begleitet, indem ich stets der widerstreitenden Kräfte in mir bewußt war. Es waren insbesondere mein Eigendünkel und mein Stolz, die dem Zulassen und Erleben der inneren Zartheit meines Wesens im Wege standen. Immer wieder mußte ich mir sagen: Das ist nur das Ego, das dich da drängt, deine Seele braucht das nicht; sie ist selbst Liebe und sich selbst genug.

Im Lichte des reinen Geistes vermag die Seele den illusorischen Charakter der Vorstellungen des spekulativen Verstandes zu erkennen und in der Liebe zu entkräften und zu verwandeln. In der bewußten Wahl zwischen den Impulsen des Geistes (Logos) und der Verhaftung der Sinne, formt sich unser Weg und führt uns – wenn wir der Liebe unseres Herzens folgen – zur Vollendung unseres Seins und Lebens im Ursprung allen Seins.

Die Liebe also ist es, die uns zurück in unseren Ursprung und damit ans Ziel all unseres Sehnens und Strebens führt, indem sie uns in ihrer Einheit mit dem Geiste den illusorischen Charakter unserer Sinnesverhaftungen und der daraus erwachsenen falschen Vorstellungen und Emotionen erkennen läßt und uns damit zugleich in den Quell und Ursprung der Fülle und Glückseligkeit unseres Seins emporhebt.

Das also ist der Weg der Wandlung: Alles in und um uns anzunehmen, wie es ist und im Lichte des reinen Geistes seiner Natur nach zu erkennen und in Liebe in das Licht des Ursprungs emporzuheben. Wo immer wir dem Ruf der Liebe folgen, zieht sie uns zu unserer Ganzheit zurück nach oben in den einen Grund, aus dem sie selbst und mit ihr alles was ist, herabgestiegen ist. Dazu braucht es weder ein verstandesmäßiges Erwägen noch ein personales Wollen, denn in der Liebe ist alle Weisheit und Kraft der Wahrheit manifest und das reicht völlig aus, um die Seele an ihr Ziel in ihren Ursprung zurückzuführen.

Deshalb sagen auch die Weisen, daß das Nicht-Tun und das Sich-Ganz-Überlassen der direkte oder weglose Weg zur Verwirklichung ist. Denn wir sind allezeit das Selbst, auch dann wenn unser Gemüt gelegentlich überschattet oder bedrängt ist.

Dieser Weg der inneren Wandlung, der Erkenntnis und des Aufstieges als Akt des Bewußtwerdens kann wohl durch diverse geistige Übung unterstützt werden, jedoch ist das Loslassen und bedingungslose Annehmen dessen, was ist der direkte Weg. Denn auch die Bemühung bildet ja eine Tätigkeit des Geistes, der ja ohnedies schon von allzu vielen Ansprüchen und Vorstellungen gequält ist. Schließlich ist es ja die Unruhe des Geistes, der unaufhörliche Gedankenstrom, den die Yogis die „Vrittis" oder „Vikalpas" nennen, die die Ursache unseres Leidens und scheinbaren Abgetrenntseins vom Selbst sind. Und die Vorstellung, etwas vollbringen oder leisten zu müssen, um das Selbst, also die Stille des Seins verwirklichen zu können, fügt dem ohnehin schon mit Aktivitäten überfrachteten Geist noch weitere Lasten hinzu. Die Lösung des Problems ist als nicht, den bereits bestehenden Aktivitäten des Geistes noch ein neues oder anderes Tun hinzuzufügen oder aufzubürden, sondern ihn durch ein umfassendes Loslassen und Annehmen der Stille des Seins zu entlasten.

Schon geeignete und allein in einer Neuausrichtung des Geistes bestehende Übungen sind das Reiki, ein persönliches Mantra bzw. der

Dhikr oder Zikr der Sufis (etwa des „La ilaha illallah").

Solche Übungen führen zu einer starken und beschleunigten Integration und Assimilation kosmischer Energie bzw. göttlichen Lichts. Für die Sufis, wie insbesondere Maulana Djelaluddin Rumi, waren Dhikr und Semah, der Wirbeltanz, Quellen höchster geistiger Inspiration. Welches Mantra bzw. welche Übung uns hilfreich erscheinen, kann nur jeder einzelne für sich entscheiden. Was sicher und allgemein empfehlenswert ist, ist die bewußte Aufnahme der Zwiesprache mit Gott, bzw. den Wesenheiten des Lichtes. Sie sind ja unsere wahren Brüder und Wegbegleiter in unserem Aufstieg ins Licht.

In jedem Falle aber ist es die Liebe als höchste Macht des Kosmos, die eine ganze Kompanie negativer Eigenschaften und unbewußter Neigungen zu verwandeln und im Lichte Gottes zu erlösen vermag.

Deshalb wird die Liebe auch der Stein der Weisen genannt, der Blei in Gold verwandelt. Auch das Erheben des Kelches im Sakrament der Eucharistie, bzw. die Verwandlung von Wasser in Wein bilden ein Symbol des Geheimnisses der Wandlung, wo die natürlichen Kräfte von Leib und Seele über ihre Erhebung in geistige (=Wein) verwandelt werden.

Aber nicht nur unser Innenleben ist in ewigem Fluß und beständiger Wandlung, sondern auch die Welt um uns. Dazu gibt es eine markante Bemerkung des Tao-Meisters Zhuang Zi. Dort heißt es: „Was ist, vom Tao aus gesehen, schon edel und was ist gemein? ... Was ist schon wenig, was ist schon viel? Hier handelt es sich um etwas, was im Wandel steht. In allem, was du tust, sei nicht einseitig, so dass du in Widerspruch zum Tao gerätst. Sei streng wie ein Landesherr; der seine Güte gleich walten läßt. Sei wie der Gott des Erdaltars, dem Opfer zu seiner Zufriedenheit zuteil werden, der aber allen in gleicher Weise Segen spendet. Sei weit wie die vier Himmelsrichtungen, die keine Abgrenzung kennen. Nimm dir die Welt der Erscheinungen gleichermaßen zu Herzen. Wer niemandem und nichts seine Gunst schenkt, der ist wahrlich ohne jede Vorliebe. Alle Dinge sind gleich, was bietet da schon mehr, was bietet da schon weniger?

Das Tao hat weder Anfang noch Ende, nur was sich materialisiert, kennt Geburt und Tod, es hat keine Gewissheit im Moment seiner Vollendung. Ein jedes ist Potenz, ist Erfüllung, nichts verbleibt in seiner festen Gestalt. Die Jahre und Monde gehen dahin, die Jahreszeiten haben kein Ende. Alles wächst und verfällt, alles blüht und wird welk. Ein jedes Ende hat seinen Anfang. So kommt es zur Rede vom Tao, das seine Richtung hat, von der Welt der Erscheinungen, die ihre Ordnung hat. Das Werden der Dinge ist wie ein Rappe in höchster Eile, wie ein Zugpferd unter der Peitsche. Ohne Bewegung wäre da kein Wandel, ohne Jahreszeit wäre da kein Wechsel. Was also solltest du tun, was solltest du nicht tun? Überlaß dich jeweils dem Wandel."

Alles ist Gnade

Eine der großen fundamentalen Täuschungen ist die irrige Annahme, in unserer begrenzten Person selbst Ursprung und Urheber unseres Tuns und unserer Werke zu sein. Das gilt sowohl für die inneren Werke – wie die Kontrolle von Gedanken und Emotionen – als auch für die äußeren. Wir gehen unzweifelhaft davon aus, durch unser Denken, Wollen und Tun Schmied unseres Schicksals und unseres Glücks zu sein. In der Tat vermögen wir durch diese Instanzen unseres Verstandes zwar Strategien und Pläne zur Verwirklichung unserer Egowünsche zu entwickeln, nicht aber zur Erfüllung von Herz und Seele zu gelangen. Ja, nicht einmal die Erreichung der durch unser Denken und Tun angestrebten Ziele können wir auf deren Weg gewährleisten; vielmehr beweisen uns die vielen großen und kleinen täglichen Enttäuschungen, daß es nicht in unserer Macht liegt, die Erreichung der erstrebten Ziele unseres Ego zu sichern.

Das ist überhaupt die Grundtäuschung unserer selbst und unseres Lebens, die nach der indischen Spiritualität und Philosophie an *Ahamkara* – zu Deutsch: „Ich tue" – liegt. *Ahamkara* bildet danach den Inbegriff der Ursache unseres Elends. Die Vorstellung unseres Verstandes, als individuelles und vom Großen Ganzen getrenntes Wesen, der Vollzieher und Vollbringer unsere Werke zu sein, ist die Wurzel aller Illusion und allen Elends.

In gleicher Weise hat auch der stoische Philosoph Epiktet die Traumwelt unseres spekulativen Denkens als Ursache von Leid und Elend erkannt. Er sagte: „Die Ursache unseres Leidens ist nicht die Welt, sondern der ungelöste Widerspruch zwischen der Welt und unserer Vorstellung von der Welt."

Wenn wir das erst einmal erfaßt haben und so auf den Weg zum Erwachen aus dem Traum des Denkens und Vorstellens gelangt sind, werden wir allmählich erkennen, daß wir überhaupt aus uns heraus nichts wirklich vermögen, sondern daß es der universelle Geist des Kosmos – der Logos bzw. die allumfassende Liebe Gottes ist –, der sowohl die innere als auch die äußere Realität gestaltet, lenkt und leitet. Nichts vermögen wir, wenn es uns nicht vom Ursprung her gegeben ist. Nicht einmal unser Denken und Wollen können wir ohne Gottes Hilfe beherrschen oder lenken.

Diese Erkenntnis ist die Grunderkenntnis jeder erwachten Seele. Sie führt sie auf den Weg der Erkenntnis und der Suche nach der Wahrheit.

In einem weiteren Schritt, wo der Mensch fest auf diesem Weg der Erkenntnis, der Wandlung und des Aufstiegs steht und fortschreitet, gelangt er zu der erhabenen Erfahrung und Erkenntnis, daß er all die innere Arbeit der Selbsterforschung, der Läuterung, der Heilung, der Transformation und des Aufstieges, die er in wahrhaftiger Kooperation mit den Wesenheiten des Lichtes und der geistigen Welt zu bewältigen sucht, letztlich allein aus der Liebe und der Unterstützung jener göttlichen Welt zu vollbringen vermag.

Ja, allmählich gelangen wir zur dankbaren Einsicht, daß überhaupt alles innere Vollbringen allein aus göttlicher Gnade geschieht. Gott und die Wesenheiten des Lichtes sind es, die an unserer Vollendung arbeiten. Sie erhellen unser inneres Sein, helfen uns unsere Illusionen und Vorstellungen zu erkennen und uns in Liebe selbst anzunehmen. Ihre bedingungslose Liebe ist es, die uns hilft, uns selbst samt unserer Schwächen zu sehen und ohne jegliche Wertung in Liebe anzunehmen.

Letztendlich erkennen wir: Alles ist Gnade! Gnade ist es, daß unsere Seele von Gott gezogen wird, daß sie wahrnimmt, daß es das Licht in ihr ist, das sie zieht, daß es die Wesenheiten der geistigen Welt sind, die sie segnen und mit Licht und Liebe erfüllen und ihr damit helfen, ihre Schatten wahr- und anzunehmen und schließlich loszulassen und in Liebe zu verwandeln.

Ja, das ist die eigentliche Wende in unserem Leben, daß wir erkennen, daß alles Leben und Vollbringen Gnade, d. h. die bedingungslose Wirksamkeit der Liebe Gottes ist. Aus Liebe sind wir hervorgegangen, Liebe hat uns über Äonen durch allerlei Erfahrungen und Metamorphosen hindurch getragen und die Liebe ist es, die uns schließlich zu unserem wahren Sein und Bewußtsein erweckt.

Ja, alles ist Gnade. Unseren Anteil bilden allein Dankbarkeit, Vertrauen, Demut und Hingabe: die Demut, die uneingeschränkte Bedingtheit unseres individuellen Seins und Lebens anzuerkennen, die Dankbarkeit für das uneingeschränkte Beschenktsein und an uns Wirken, das Vertrauen in die bedingungslose Liebe und Vorsehung, die uns zur Verwirklichung unserer Bestimmung in Gott, und die ergebene Hingabe an die Mächte der Liebe und des Lichtes, die ihr Vollbringen sind.

Das ist es, was die Weisen des fernen Ostens „Wu-wei" – das Nicht-Tun oder Nicht-Eingreifen in den natürlichen Gang der Welt und des Lebens – nennen. Wir möchten also lernen, alles zu lassen und Gott ohne die störende Intervention unseres Denkens und Wollens wirken zu lassen. Das ist der Weg der Hingabe und der Liebe – das hingebungsvolle Vertrauen an das glorreiche Wirken und Vollbringen der allumfassenden Gnade Gottes oder des Selbst.

In den Worten Meister Eckharts: „Allaugenblicklich gebiert der Vater seinen Sohn (das göttliche Licht) in unserer Seele. Nichts tut Er lieber als dies – ja Gott hat kein eigentlicheres Werk – als seinen Sohn in unserer Seele zu gebären. Und der Mensch möge nicht dazwischentreten."

Und wie Rumi sagt: „... wahrlich, das Haupt zu beugen, ist eine Eigenschaft lieblicher Narzissen!"

Der Liebe Anfang und ihr Reifungsweg

Wo göttliche Liebe in uns erwacht, dort verstummt unser Geist und in solchen Augenblicken steht alles still. Da hört alles – auch das Ich – auf zu sein. In diesem Schweigen nur erfahren wir die wahre Glückseligkeit bzw. Fülle des Seins. Sie wohnt in der Stille des Herzens.

Üblicherweise, d. h. in den meisten Fällen, erwacht unsere Liebe mit der Zuneigung zu einer Person bzw. in der Berührung unseres Herzens durch ein besonderes Ereignis oder eine Person. Wir sagen: „Ich liebe dich" und schon mit der Artikulation und dem Ausdruck unseres Gefühls, beschränken wir dieses Gefühl der Liebe auf eine Person. In der Tat ist göttliche Liebe aber immer ein überpersönliches, universelles Gefühl, das alles Sein und Leben einschließt und umfaßt. Die beiden Personalpronomen „ich" und „du" bilden die verbale Ausdrucksform unserer Selbstbeschränkung. Und es ist das „Ego", das – als trennendes Prinzip – diese Selbstbeschränkung erzeugt. Wenn wir ganz bei uns sind, fühlen wir: „Ich bin Liebe" und dieses Ich ist das Selbst und umfaßt All und alles. Es ist das Selbst, das das Selbst liebt. Es ist das Selbst in mir, das das Selbst in dir liebt und in allem, was ist. Ich fühle: „Ich bin Liebe, du bist Liebe, alles ist Liebe."

„Ich bin Liebe" ist aber „Ich bin eins mit allem. Ich bin alles und nichts." zu sagen.

Da wir aber meist an der Person, zu der sich unsere Zuneigung entzündet hat, hängen bleiben, begrenzen wir die kosmische Dimension der göttlichen Liebe und deformieren sie in eine Emotion der Anhaftung und bringen uns in die unglückliche Lage emotioneller Abhängigkeit. Anstatt in der Liebe über uns hinauszuwachsen, schrumpfen wir zu einer gefangenen abhängigen Person. Die Macht, die diese Abhängigkeit und Begrenzung in uns verursacht ist das „Ich".

Wenn wir unser Herz erforschen, so zeigt sich, daß es nichts und niemanden ausschließt. Es zeigt sich, daß es keine Seele und kein Wesen gibt, für das es keinen Platz in unserem Herzen gibt. Unser Herz ist ja unendlich weit und umfaßt Himmel und Erde und alles, was ist.

Eliminieren wir das „Ich" und „Du", die ja stets für das „Ego" stehen, dann verbleibt nur die Liebe. Sie ist die Substanz von allem, von Seele, Sein und Leben. Das Ego dagegen bildet die energetische Urform unserer irrigen Vorstellung des Getrenntseins, welche die Ursache und Wurzel all unseren Leidens und unserer vertrackten Beziehungen ist. In der göttlichen Liebe aber, die alles „Ich" und „Mein" eliminiert, verschwindet die Vorstellung einer getrennten personalen Existenz. Da gibt es weder Trennung noch Zeit.

Und dort gehen beide ineinander auf und werden eins.

Es ist unser Seelenbewußtsein, in dem wir diese Selbstbegrenzung transzendieren. In ihm empfinden wir nicht „Ich liebe dich", sondern „Ich bin allumfassende Liebe" und diese schließt alles und jeden ein. In ihm fühlen wir die Alleinheit, die wir in Wahrheit und allezeit sind. Nicht nur, daß wir im Modus der Liebe alle Fülle in uns erfahren, wir erfahren uns darin selbst als den unerschöpflichen Quell der Liebe und damit von allem, was ist. Das ist die höchste Erfüllung und Glückseligkeit, nach der sich so viele Menschen sehnen und die dort zu finden sind, wo unser egozentrischer Verstand zur Ruhe kommt.

Wenn Liebende – also Seelen, die einander in göttlicher Liebe zugetan sind, weil sie einander wahrnehmen und annehmen, wie sie sind, – einander sehen, so fließen ihre Herzen über und sie fühlen sich unwiderstehlich zueinander hingezogen, ohne sich aneinander zu klammern. Der wahrhaft Liebende hält nichts und niemanden fest, weil er in der Liebe mit allem eins ist und den oder die Geliebte allezeit in seinem Herzen trägt und findet. Dort ist er oder sie ihm so nah, wie er oder sie es in physischer Form ihm nur selten sein kann.

Die erwachte Seele hat in Gott ihre große Liebe erkannt und gefunden. Für den Gottliebenden ist Er die einzige Beziehung und darin ist alles und jedes umfaßt. Eine solche Seele teilt alles mit Ihm und wird niemals andere Menschen mit ihren Themen belangen. Er ist ihr Heimat, Vater, Mutter, Meister und Freund, ewiger Hafen und Erlöser jeder Bedrängnis.

Sind wir also ganz im Sein gegründet, so werden wir Liebe im kosmischen Sinn, als omnipräsente Gegenwart der allumfassenden Gnade und Liebe Gottes von der emotionalen Liebe des personalen Ich unterscheiden. Wie die göttliche Liebe, bedarf auch diese sich im Menschenherzen manifestierende individuelle Liebe der Erweckung durch eine initiale Erfahrung und die Bewußtwerdung ihrer beglückenden, erhebenden und erlösenden Wirkung in der eigenen Seele. Nur so wird sie zu einem erstrebenswerten Inhalt unseres Lebens und Strebens in der Welt. Dafür gibt es tausende Zeugnisse in der Geschichte der Menschheit – im Besonderen in den Gedichten und Bekenntnissen der Liebenden, tiefer aber noch in den Offenbarungen der gotttrunkenen Mystiker und Philosophen.

In jedem Fall geschieht das Erwachen der Liebe in einer Berührung der Seele bzw. des Selbst des Menschen. Das Selbst als das überpersönliche Sein ist ja der eigentliche Quell und Ursprung der Schöpfung wie auch der Liebe. Das

Selbst *ist* Liebe und *offenbart sich* als Liebe. In seiner Berührung erwacht die Liebe in Form des Bewußtwerdens der Urqualität des Seins und der Seele, als Urqualität des Lebens überhaupt. Denn das Selbst ist – wie die Tradition der indischen Veden ausdrückt – Sat-Chit-Ananda – absolutes Sein, reines Bewußtsein und vollkommene Glückseligkeit. Diese dritte seiner Qualitäten aber ist identisch mit der Erfahrung der Liebe bzw. wird sie durch die Berührung der Liebe in der Seele erweckt.

Liebe ist eine Seinsverfassung, die Erfahrung der Vollendung unseres Daseinssinnes, nicht ein Tun oder Wirken, sondern echte Seinserfahrung. Das Sein selbst, das ja nichts anderes als Gott in seiner überpersönlichen Form ist, ist das einzig wirklich Erstrebenswerte.

Die Erfahrung der Seinsvollendung, d. i. die Erfahrung der Unsterblichkeit und der Erfüllung all unserer Sehnsüchte und Strebungen in Herz und Seele ist ja ein unmittelbares Geschenk der Liebe. Erst der Liebende erfährt sich als wirklich seiend und lebend. In der Liebe werden wir uns der Unauslöschlichkeit und Unzerstörbarkeit unseres Selbst und unserer Seele bewußt. Deshalb löscht die Erfahrung der Liebe alle Angst und Mängel. Dem Liebenden fehlt nichts und er lebt ewig.

Er erst kann sagen: „Ich bin ewiges Leben; ich bin die Auferstehung und das Leben; Ich bin die Wahrheit und das Leben. Ich bin Licht und ich bin es, der alle Dinge erleuchtet und erhellt. Durch mich erst, ist auch die Welt."

Die initiale Erfahrung der Liebe ist zwar immer eine Wesensberührung, die meist von einer Fülle starker Gefühle begleitet ist, kann aber durch die verschiedensten Momente ausgelöst werden. Dieses Moment kann auch schon in der Kindheit liegen und auf der Erfahrung der elterlichen Liebe gründen. Meist aber erwacht sie in einer innigen Freundschaft oder der Begegnung zwischen zwei Seelen unterschiedlichen Geschlechts und einer starken Anziehung zwischen ihnen.

Da gibt es in der Weltliteratur jede Menge von Sagen und Märchen die diesen Themenkreis mythologisch ausschmücken. Ich möchte nur an den Archetypus des Prinzen erinnern, der die durch einen von einer Hexe gerichteten Zaubertrank betäubte schlafende Prinzessin wachküsst und schließlich in ihr Brautgemach führt. Wir können auch an die mythologische Erzählung *Amor und Psyche* von Apuleius oder die großen mystischen Erzählungen von *Leila und Majnun* oder *Shirin und Chusru* von Nizami denken. Obwohl das Grundthema darin als Erwachen des Eros oder der erotischen Liebe zwischen Mann und Frau aufgerollt wird, symbolisieren sie eigentlich die schlafende Seele und den göttlichen Geliebten, der die Seele durch seinen Kuß, d. i seine innere Berührung aus ihrem Dornröschenschlaf zum wahren Leben erweckt und damit auf eine neue Seinsebene hebt.

All diese Erzählungen beginnen mit einem initiatischen Erlebnis und führen uns sodann – so sie aus tieferen existentiellen Quellen stammen – durch eine ganze Reihe von substantiellen Erlebnissen und Prüfungen – auf einen Weg der Erkenntnis des allmählichen Reifens der frisch erweckten Liebe und ihrer Reifestufen.

In jedem Falle ist es – ob bewußt oder unbewußt – ein Gnadenakt der göttlich-geistigen Welt, der solche Begegnungen und solches Erwachen bewirkt und die Seele auf einen neuen Weg führt.

Gemäß ihrer unterschiedlichen Reife und Qualität können wir darüber hinaus verschiedene Arten der Liebe unterscheiden. Üblicherweise unterscheiden wir in der Diktion der griechischen und abendländischen Philosophen zwischen Eros, Charis, Philia und Agape. ...

Eros beinhaltet im Unterschied zu den anderen drei Formen der Liebe, die frei von Verlangen und Erwartung jeder Art sind, Begehren und emotionelle Anhaftung und Abhängigkeit. Das

Begehren, Verlangen und Zeugen-Wollen sind seine Natur. Und so sucht er seinem Wesen nach beständig nach Vereinigung mit dem Objekt seines Begehrens.

Während Agape und Charis sich selbst erfüllen im Geben, in der losgelösten selbstlosen Zuneigung, der Annahme und Hingabe an das Sein, dem sich selbst Geben, aus sich selbst schöpfen, ist der Eros eine Kraft, die sich selber sucht, eine Kraft, die sowohl Mangel als auch Reichtum in sich vereinigt und nach ihrer Erfüllung und Vollendung im Du und in der Selbstüberwindung sucht.

Der Eros ist also ein Mittleres zwischen Armut und Reichtum, Mangel und Fülle. Plato nannte ihn den Sohn von Poros und Penia, des Gottes der Fülle und der Göttin der Armut. Damit ist sein Wesen gut charakterisiert, denn er hat nicht die Fähigkeit, sich selbst zu genügen oder sich an und in sich selbst zu erfüllen, sondern ist bedürftig, erfreut sich aber an dem Objekt seines Begehrens, wenn dieses ihm Erfüllung gewährt. Die Erfahrung des Beschenktseins führt ihn auf einen Weg der Selbstüberwindung. So beginnt er danach zu streben, sich selbst zu überwinden und zu übersteigen und im Licht und in der selbstlosen Liebe des Großen Ganzen aufzugehen. So auf den Weg der Wandlung gekommen, beginnt er sich der Agape als der selbstlosen göttlichen

Liebe anzugleichen und in ihr zur Vollendung zu kommen. Das kann jeder von uns erfahren und leben, sobald wir unsere Neigung zum Werten und Beurteilen lassen und die Verurteilung unserer Sinnlichkeit verabschieden. Es liegt ja nichts Böses in unserem Begehren und unserer Sexualität. Auch sie wollen in Liebe angenommen und nicht verteufelt oder verdrängt werden. Alles in uns ist Potential höherer Entfaltung und Verwirklichung unserer Göttlichkeit. Es liegt nur daran, in welchem Geiste und welcher Haltung wir all diese Potentiale in uns leben und zum Ausdruck bringen. Solange wir nicht andere Menschen dafür benutzen, unsere Bedürfnisse zu befriedigen, sondern sie aus der Liebe heraus leben, sind wir auf einem Weg der Befreiung, der Verwandlung und des Aufstieges im Licht.

Die Liebe im Sinne der Agape ist, so sie diesen Namen verdient, obwohl sie durchaus auf einen „Gegenstand" oder ein Ziel gerichtet sein mag, das auch du selbst sein kannst, stets so beschaffen, daß sie von jenem weder etwas will, noch wünscht, noch erhofft oder erwartet, sondern, von sich selbst erfüllt, lieber gibt als nimmt. Das Du, dem sie zugewandt ist, erfährt sie als eins mit dem Selbst.

Das kann auch das Leben, ihr eigener Ursprung, eine geistige Qualität, unsere Aufgabe oder auch unser Weg sein. Bildet den Gegenstand der Liebe eine Person, so ist es ihre natürliche Weise, sich am Da- und So-Sein des Geliebten zu erfreuen, wobei sie in keiner Art und Weise etwas von dessen Seite sucht oder erwartet. Liebe ist eine Haltung des Schenkens und Gebens – im Besonderen von Respekt, Wertschätzung und Zuneigung, im höchsten Maße aber des Wohlwollens und des Zuspruchs des Besten und Wertvollsten für jenes, jene oder jenen und für dessen Weg in die Vollkommenheit Gottes.

Echte Liebe erschöpft sich nicht, noch schwindet oder endet sie. Vielmehr ernährt sie sich, reift und wächst sie an und aus sich selbst und währet ewig. Sie hat weder Bedingungen noch sonst irgendwelche Ansprüche und Erwartungen und ist deshalb jene Seinsform, die ihrer selbst voll und deshalb ohne Mangel, sondern die Fülle selbst, ja der Quell und Ursprung dieser Fülle ist.

Ich erinnere mich an eine Ersterfahrung, als ich für längere Zeit als Volontär mit MS-Patienten in einem Hospiz der Caritas Socialis in Wien arbeitete. Ich hatte mich einem inneren Impuls folgend entschlossen, dort Besuchsdienst zu leisten. Da es dort möglich war, meinem Herzen freien Lauf zu lassen, habe ich diesen Dienst wahrlich als Gottesdienst erfahren. Ich erlebte diesen Ort als geheiligt durch die Patienten und ihre professionellen Betreuer und die Begegnung mit ihnen als unmittelbare Begegnung mit Gott. Deren Ergebenheit an ihre unausweichliche Situation und Gefangenschaft in ihrem gelähmten Körper hat mich so tief bewegt, daß ich abends zuhause erst einmal meinen Tränen ihren freien Lauf ließ.

Natürlich gab es auch dort Menschen, denen ich mich näher fühlte als anderen und die mich in ihrer Person und ihrem konkreten Schicksal mehr berührten, jedoch machte dies in meiner Zuneigung und Anteilnahme an ihnen keinen Unterschied. Hatte ich mich in Gebet und Meditation erst einmal einer Person mehr zugewandt, so umfaßte die Zuwendung und Liebe sehr rasch auch die anderen. Damit erreichten mein Gebet und meine Fürsprache, obwohl jedem einzelnen besonders zugedacht, doch alle zusammen, als ein großes Ganzes. So kam ich zur Empfindung des Einsseins mit ihnen allen. Ich empfand, daß ich sie und sie ich waren.

Weiters bemerkte ich, daß mir, wenn ich den authentischen Gefühlen meines Herzens im Gebet Ausdruck verlieh, die Heilung und Erlösung jedes Einzelnen dort weit näher lag, als das Ganzwerden und die Befreiung meiner selbst. Vielmehr empfand ich, daß mein eigenes Heil- und Freiwerden ganz am Heil- und Freiwerden dieser Menschen lag.

So bestätigte mir diese Erfahrung, daß echte Selbstlosigkeit keines Bemühens oder Wollens bedarf, sondern ein authentisches Gefühl und Vermögen unseres Herzens und unserer Seele ist.

Rückblickend kann ich nur sagen, daß dieses Engagement als Volontär bei diesen Patienten nicht nur eine große Gnade und Erfüllung für mich war, sondern darüber hinaus eine tiefe Schule der Liebe und der Selbstverwirklichung. Schließlich erlebte ich, daß es allein meine Präsenz dort war, die eine umfassende Veränderung und Durchlichtung der gesamten Abteilung mit sich brachte.

Ich gehe heute noch gerne gelegentlich dorthin, und fühle zu allen eine tiefe Verbundenheit und Liebe und nenne sie heute meine Freunde. Zurückblickend empfinde ich, daß ich jedem einzelnen dort mehr verdanke als ich meine, ihnen gegeben zu haben. Ihr Gedenken erfüllt mich heute noch mit tiefer Dankbarkeit und Demut. Was ich bei und mit ihnen erfuhr, weitete sich später aus, bis diese erfüllte Liebe in mir All und alles umfaßte.

Die Form der Liebe, die sich im besonderen Maße den Bedürftigen und Notleidenden zuwendet, wird Charis genannt. Das war ja der Weg von Mutter Teresa, ihr Leben und Wirken den Ärmsten der Armen zu weihen und ihnen nicht nur ihre akute Not zu lindern, sondern darüber hinaus ihnen ein Stück Selbstachtung und Würde zu geben.

Als Philia nennt man die Freundesliebe, die auf einem ebenbürtigen Verhältnis des Gebens und Nehmens bzw. der Gegenseitigkeit eventueller gemeinsamer Interessen zwischen zwei oder mehreren Menschen gründet. In jedem Falle bezeichnet sie ein harmonisches und freundschaftliches Verhältnis zwischen zwei Subjekten, die auch unterschiedlicher Ordnung oder Entelechie zugehören können. So hat man die freundschaftliche Beziehung zwischen Natur und Mensch, insbesondere Pflanze und Mensch, die in mancher Hinsicht dem Geheimnis der Heilung zugrunde liegt, als Biophilia bezeichnet. Die Liebe zu und das Streben nach Weisheit nennt man bekanntlich den Weg der Philosophie.

Als Agape schließlich bezeichnet man die reinste und höchste Form der Liebe, die absolut selbstlos und bedingungslos ist. Sie ist die wahre göttliche Liebe, die allem Leben und Werden, allem Blühen und Gedeihen und der letztendlichen Vervollkommnung allen Seins und Lebens zugrunde liegt.

Oft wird die Liebe als blind bezeichnet; in Wahrheit aber ist sie das Gegenteil, da sie uns die Augen für die Wunder und die Schönheit des Lebens öffnet. Wohl gilt, daß die Liebe viele

Schwächen und Mäkel auf der Seite des Geliebten zudeckt, indem sie frei ist von Wertungen und voll ist der Güte und Toleranz. Da sie nicht für sich sucht, läßt sie jedem seinen Raum und nimmt ihn, wie er ist. Denn vor Gott hat jeder das Recht dort zu sein, wo er ist. Alles Leben hat seinen natürlichen Gang, und jede Seele hat ihren Weg. So bildet die Annahme all dessen was ist, wie es ist, die tiefste Hilfe und Unterstützung auf dem Weg unserer Selbsterkenntnis und Verwirklichung.

Das höchste Ziel der Liebe ist die völlige Selbstentäußerung des Liebenden, die zugleich die letztendliche Verwirklichung seiner wahren göttlichen Natur und des vollkommenen Aufgehens seines individuellen Seins in dem Geliebten, Gott, als dem absoluten Sein ist. Das ist ein ewiges Aufgehen, ein ewiger Aufstieg in ihm ohne jegliches Ziel und ohne Ende.

Mein Weg mit Brigitte

Mein Weg zur Erfahrung echter, persönlicher Liebe ging über viele Um- und Irrwege. Lange suchte ich sie in Beziehungen und war dabei durch und durch gefangen in Vorstellungen und Emotionen und voll von Erwartungen an den anderen wie auch mich selbst. ...

Einige wirkungsstarke Erfahrungen waren es, die mich jedoch allmählich läuterten und für die Erfahrung göttlicher Liebe bereiteten. Eine dieser Erfahrungen war meine Begegnung mit Brigitte, einer MS-Patientin in einem bereits fortgeschrittenen Stadium.

Meine Begegnung mit Brigitte war ihrer Natur nach schicksalhaft! ...

Bereits am ersten Tag meines ehrenamtlichen Wirkens im Hospiz kam es auch schon zur ersten Begegnung mit Brigitte. Ich erinnere mich, daß ich sie im Aufenthaltsraum der Abteilung für MS-Kranke fand. Sie saß aufgebockt in einem hohen Rollstuhl mit zur Decke gewandtem Blick. Sie war in eine Decke gehüllt und ihre Hände lagen spastisch verkrampft auf ihrem Schoß. Als ich sie sah, war ich sofort getroffen und hatte den Eindruck, sie würde in ein geistiges Licht, bzw. ein Licht im Himmel schauen! Sie erschien mir zugleich tief gesammelt als auch vollkommen gelassen – und ich spürte eine starke Ausstrahlung inneren Friedens, der von ihr ausging. Ihr Anblick überwältigte mich und ich verweilte einige Zeit neben ihr.

Später sagte ich in vorsichtigem Tonfall, daß mich die Ergebenheit, die ich bei ihr spürte, tief berührte. Ich sagte: „So eine Ergebenheit habe selten bei Menschen gesehen. Diese Ergebenheit ist wohl der Grund, daß Du solch eine innere Reinheit und solchen Frieden in Dir gefunden hast, den man in Deiner Nähe deutlich spüren kann."

Meine Worte schienen sie erreicht zu haben, denn sie wandte mir ihren Blick zu und ich konnte wahrnehmen, daß sie sich tief in ihrer Seele wahrhaftig verstanden und wahrgenommen fühlte.

Ja, das war der Beginn einer unglaublich bewegenden Zeit für mich. Und ich habe gleich zu Beginn meiner Besuche im Hospiz entschieden, 7 von insgesamt 28 Personen dieser Abteilung regelmäßig zu besuchen. Brigitte war mir von Anbeginn vertraut und es wurde mir zu einem echten Bedürfnis, sie auf ihrem Weg innerlich und äußerlich zu begleiten.

Ich ging damals etwa viermal die Woche ins Hospiz und blieb jedes Mal etwa 4 Stunden. Dabei ließ ich mich von meinem Herzen führen, wen ich jeweils besuchen wollte. Brigitte besuchte ich aber jedes Mal wenn ich dort war und ich begann mehr und mehr ihre Seele wahrzunehmen und innerlich zu hören, was sie mir wortlos sagen wollte.

So entstand allmählich eine innige innere Nähe und Verbundenheit zu ihr und ein starkes Gefühl nicht nur des Vertrautseins, sondern auch der Gewißheit, vor langer Zeit gemeinsam mit ihr inkarniert gewesen zu sein und in einer engen und glücklichen partnerschaftlichen Beziehung mit ihr gelebt zu haben. Es war eine Vertrautheit auf allen Ebenen und die Gewißheit einer zutiefst harmonischen und erfüllten Verbindung. Es bedurfte damals offenbar keiner Worte um einander zu verstehen. Auch empfand ich eine große Dankbarkeit in dem Erinnern ihrer großen Liebe und Hingabe mir gegenüber. Es war einfach ergreifend und so wie wir damals wortlos kommunizierten, war es nun in diesem Leben – bedingt durch ihre Krankheit – auch jetzt nicht möglich uns verbal miteinander zu verständigen. So lernten wir, bedingt durch die Umstände, recht rasch, uns telepathisch miteinander zu verständigen.

Brigitte vermochte sich mir sehr gut über ihre Gefühle und ihre Augen mitzuteilen. Wir bedienten uns dabei einer Art Seelen- oder Lichtsprache. Und mit der Zeit ist es uns auch mehr und mehr gelungen, uns immer tiefer und konkreter miteinander zu verständigen und einander kennenzulernen. So vermochte sie mir mehr und mehr zu vermitteln, was sie innerlich bewegte und welche tiefen Durchgänge sie über die vielen Jahre ihrer Erkrankung erfahren hatte. All das war für mich eine unglaubliche Offenbarung und ich erfuhr sie als meine bedeutendste Lehrerin auf meinem Weg der Läuterung und Selbstfindung. Überhaupt hatten die meisten von uns Ehrenamtlichen den Eindruck von den Kranken weit mehr zu bekommen, als wir ihnen durch unser Da-Sein geben konnten.

So kam es, daß ich nicht nur in meiner physischen Gegenwart bei und mit ihnen als Kanal des Lichtes und der Heilkraft, sondern insbesondere auch zu Hause in meinen Gebeten und Fürbitten manches an Veränderung und Durchlichtung in der Abteilung bewirken konnte. Das war eine unglaublich beglückende Erfahrung. Und ich habe mich dabei innerlich nicht nur Brigitte, sondern der gesamten Abteilung zugewandt.

Mit der Zeit empfand ich eine große energetische Veränderung bei den Erkrankten wie auch in den Räumlichkeiten der Abteilung im Ganzen. Es war nicht schwer wahrzunehmen, daß manche Schwere sich verabschiedet hatte. Nicht, daß die Symptome der MS-Erkrankung weniger oder leichter wurden, aber eine tiefe Bereitschaft bei den Betroffenen, die Krankheit – so wie ich das bei Brigitte von Anfang an wahrgenommen hatte – als Weg und Schicksal ohne Hadern und mit

Ergebenheit anzunehmen, war nahezu bei allen gewachsen und auch deutlich spürbar.

Mit der Zeit haben meine Besuche bei Brigitte eine gewisse feste Form angenommen. Dabei muß ich noch nachtragen, daß Brigittes Leben im Anfang nur noch an einem dünnen Faden zu hängen schien. Die Innigkeit und Beständigkeit meiner Besuche bei ihr hatte aber offenbar ihren Lebenswillen wie auch ihr inneres Lebensgefühl sehr gestärkt und ihr ohnedies tiefes Urvertrauen noch gefördert.

Meine Besuche bei ihr verliefen in dieser Zeit etwa so: Sie lag in einem Zweibettzimmer mit einer etwas jüngeren Mit-Patientin, die ebenfalls ihr Einverständnis mit ihrem Schicksal gefunden zu haben schien. Wenn ich das Zimmer betrat, begrüßte ich beide Damen mit einem stillen Lächeln und ein paar persönlichen Worten. Sodann nahm ich einen Stuhl und setzte mich nahe an Brigittes Bett. Gleich bei meinem Eintritt ins Zimmer richte sie ihren Blick auf mich und sah mir gerade in die Augen. Es folgte eine Zeitspanne innigen energetischen Austausches und immer wieder neuer verblüffender „Mitteilungen" ihrerseits. Dabei bemerkte ich mehr und mehr, daß sie mich gleichsam innerlich durchleuchtet hatte und mit großer innerer Anteilnahme an mir und meinem Leben teilnahm. Es war verblüffend und überaus bewegend, in welcher Innigkeit und Intensität sie Anteil an meinem Leben nahm.

So saß ich etwa 15 Minuten an ihrer Seite, während ihr Blick mich durchdrang. Nach einer Weile schloß sie ihre Augen und wendete sich ganz nach innen. Dabei begann ein derart überirdischer Friede von ihr auszugehen und eine solche Stille auf ihrem Antlitz zu leuchten, daß es für mich jedes Mal über die Maßen berührend und überwältigend war. Ich hatte in meinem Leben viele Meister und Heilige erlebt; einen solche Frieden und eine solche Ausstrahlung aber hatte ich nur selten gesehen. Ich war mir gewiß, in ihr meinen Meister bzw. meine Meisterin gefunden zu haben. Jenes Licht und jene Stille, die ich bei ihr fand und wahrnahm, war es, was ich in diesem Leben in meiner eigenen Seele verwirklichen wollte. Sie war mir Modell und Beispiel, für meine eigene Ausrichtung und Bestrebung geworden.

Ich begleitete sie etwa 3 Jahre lang bis ich entschied aus Wien weg und in ein kleines Bergdorf in Kärnten zu ziehen. Und es war kein Zufall, daß Brigitte zwei Tage vor meinem Weggang selbst heimging. Ihre Zeit war gekommen und nichts konnte ihre Seele mehr auf der Erde halten. Es war ein stiller und erfüllter Abschied. Und ich war an jenem Tag per Bus unterwegs, als sie mir direkt erschien und von mir Abschied nahm.

Ich konnte danach wahrnehmen, daß sie nach ihrem Ableben für die Dauer von etwa 3 Wochen in einen Heilschlaf versetzt wurde, aus dem sie schließlich gereinigt und geläutert ins Licht aufstieg. Auch wurde mir gezeigt, daß sie seither als aufgestiegene Meisterseele selbst heilend wirkt und uns Erdenbewohnern – je nach Bedarf – Licht Heilkraft zuströmen läßt.

Für mich war diese Zeit und Begegnung mit Brigitte und all den MS-Patienten dort im Hospiz ein Schlüssel und eine Wende für mein eigenes Sein und Leben. Die Begegnung mit Brigitte erwies sich als Heilung für mein Herz und Tor zu meiner eigenen Verwirklichung.

Ich lernte bei ihr und durch sie, meine Vorstellungen wirklich loszulassen und mich von meinen vielen Ansprüchen und Erwartungen an mich selbst und andere tatsächlich zu lösen.

Ich war durch sie ein neuer Mensch und reif geworden, nun meiner Dualseele zu begegnen. Fortan war mein Leben rundum erfüllt und in jeder Hinsicht vollendet.

Gott und Seele

Von primärer Bedeutung für ein erfülltes und gesegnetes Leben ist unsere Verankerung im Seelenbewußtsein. Was aber ist das? Das ist das unmittelbare Gewahrsein meiner selbst, als Seele. Schon als Kind empfand ich es als skurril, wenn Menschen die Frage stellten, ob der Mensch eine Seele hätte. Für mich war es zweifellos evident, daß ich *Seele bin* und einen *Körper habe* – nicht umgekehrt. Wenn wir in unser Herz finden, so erfahren wir aus dem Fühlen unserer selbst, das im Herzen zuhause ist, daß wir Seele sind. Denn das Leben der Seele ist Gefühl, Empfinden und Erinnern, und das Herz ist ihre Mitte. Wo wir im Herzen angekommen sind, dort endet die Dominanz des Verstandes und der Gedanken und wir erwachen zur Erkenntnis unseres wahren, unsterblichen Wesens. Das geschieht nicht auf einen Schlag, aber doch relativ rasch, wenn es uns gelingt aus dem Verstandesdenken auszusteigen.

Wir werden rasch erkennen, daß unser Herz erfüllt ist von Liebe und Weisheit, ja, daß alle echte Erkenntnis und Führung unseres Lebens aus der Tiefe unseres Herzens aufsteigt und fließen möchte. Auch werden wir fühlen und wahrnehmen, daß wir vermittels unseres Herzens – jetzt und allezeit – mit Gott verbunden sind, ja

Gott in ihm einwohnt. Gott, als Ursprung und Quell allen Seins und Leben ist nicht nur die Wurzel des Universums und all der lebenden Wesen und geschaffenen Dinge, sondern auch der Quell unseres Fühlens, von Licht, Leben und Liebe am unergründlichen Grund unseres Herzens.

Wo wir im Seelenbewußtsein bzw. unserem fühlenden, liebenden Herzen angekommen sind, haben wir auch zur Wurzel unseres Seins in Gott und unserem ewigen Verbundensein mit Gott und der geistigen Welt gefunden. Und wo wir zum Gewahrsein unseres Ursprungs und unserer Wurzel gefunden haben, ist es nur noch ein kleiner Schritt zur Erkenntnis unserer Einheit mit ihm und damit auch allem, was ist.

Aus dieser Erfahrung heraus erkannte ich auch früh in meinem Leben, daß es stets die Begegnung mit Gott ist, egal, ob in seiner rein lichthaften Universalität oder als Manifestation in der Seele eines Menschen, die mir Glück und Erfüllung bedeutete. Überhaupt kann ich nur bezeugen, daß alles Sein und Leben meiner Seele in der beständigen Suche nach ihrem Ursprung bestand. So erkannte ich bald, daß das Wesen der Seele und ihre Bewegung, ihr Leben, ihre Rückwendung zu ihrem Ursprung im Geiste und ihre Substanz (ουσια) reine göttliche Liebe ist; kurz:

Das Leben der Seele ist ewiger Rückgang in Gott als ihrem Ursprung.

So möchte ich hier ganz allgemein bezeugen und alle Menschen einladen, das in sich selbst zu entdecken und zu erfahren, daß die substantielle und wesenhafte Beziehung zwischen Seele und Gott in der allumfassenden Liebe besteht. Der göttliche Geist oder νουσ als Ursprung von All und allem umfaßt und durchdringt nicht nur das gesamte Universum und durchflutet es mit Licht und Liebe, sondern auch die Seele. Deshalb ist es auch nicht verwunderlich, daß die Seele ewiglich sucht, in ihn als ihrem Ursprung zurückzukehren.

Baruch Spinoza hat dieses Verhältnis zwischen Geist und Seele in seiner *Ethik* in unübertrefflicher Schönheit zum Ausdruck gebracht. Es heißt da: „Die geistige Liebe der Seele zu Gott ist Gottes Liebe selbst, womit Gott sich selbst liebt, nicht sofern Er unendlich ist, sondern sofern Er durch die Wesenheit der menschlichen Seele sich offenbart und darin sich selbst findet." (Ethik, LS 36)

In diesem Gedanken finden wir auch die metaphysische Begründung für das Obligat der Selbstliebe, das ist die Liebe der individuellen Seele zu sich selbst: „Ich bin Seele – ich bin Liebe – bin ein Abbild des absoluten Geistes und habe alle Vollkommenheit in mir. ... Ich und der Vater sind eins."

Meister Eckhart hat diesen Imperativ der Selbstliebe in seinen Predikten als elementare Maxime gefaßt: „Hast du dich selber auf die rechte Art lieb, so hast du alle Menschen lieb wie dich selbst. Solange du einen Menschen weniger liebhast als dich selbst, gewannst du dich selber nie wahrhaftig lieb. Nur mit dem sich auf rechte Art liebenden Menschen steht es gut, so daß er alle Menschen liebhat wie sich selbst." Darin verwirklicht die individuelle Seele ihre wahre Natur, daß sie sich vermittels gelebter Allliebe als eins und identisch mit der Allseele erfährt.

Die meisten Menschen lieben das, was ihnen gut tut, Gewinn bringt oder in sonst einer Weise wohltut oder gefällt. Aber die wahre Liebe liebt dasjenige oder denjenigen, das bzw. den es liebt, um dessentwillen selbst, nicht also um eines Gutes oder einer Gabe willen, die man von jenem erhofft, sondern um dessen selbst willen. Das allein ist wahre Liebe und sie findet ihre Erfüllung in sich selbst und in der Freude an der geliebten Seele.

Manchmal lieben wir etwas oder jemanden um seiner Schönheit willen. Was aber ist schön? Schön ist die Seele, die rein und lauter in sich selbst steht und in Gott. Gott selbst ist die Schönheit selber. Gott ist wahr, schön und gut und ist selbst das allerliebenswerteste Gut. Die

Schönheit eines Gegenstandes oder Wesens besteht darin, daß die seinem Wesen entsprechende transzendentale Vollkommenheit in höchstem Maße an ihm in Erscheinung tritt. Das schöne Pferd ist dasjenige, das in sich alles vereint, was dem Wesen (= der Idee) des Pferdes entspricht an Aussehen, Gestalt, Farbe, schönem Gang und leichter Wendigkeit. Der Mensch ist nicht durch dasselbe schön, was die Schönheit des Pferdes oder einer Blume ausmacht, sondern durch das, was das Wesen des Menschen ausmacht – und das sind sein Charakter und seine Tugend.

Wir lieben also dasjenige, an dem dessen verborgenes Wesen für uns wahrnehmbar in Erscheinung tritt, leichter bzw. auf natürlichere Weise als dasjenige, wo dieses innere Wesen verborgen oder verdeckt ist. Die wahre, göttliche Liebe liebt aber alle und ein jedes als das, was es in seinem jeweiligen So-Sein erscheint, egal ob dies mehr oder weniger vollkommen oder unvollkommen ist. Das ist bedingungslose Liebe, daß sie ein jedes und jeden rundum liebt und annimmt, wie er, sie oder es seinem oder ihrem So-Sein nach ist und erscheint.

Eine andere Form der natürlichen Liebe ist die, die auf sichtbarer oder verborgener innerer Verwandtschaft zwischen Liebenden und Geliebten (Subjekt und Objekt der Liebe) gründet. Das ist das Gesetz der Anziehung: Gleiches zieht

Gleiches an; Gleiches nur kann Gleiches erkennen. Das ist Liebe oder Anziehung auf der Grundlage einer Geistes- oder Seelenverwandtschaft, oder auch der einer gemeinsamen Teilhabe an dieser oder jener Aufgabe oder Qualität.

Alles aber ist liebenswert, als es nach dem Bilde Gottes geschaffen und in seiner Verwandtschaft mit dem Urbild, vollkommen und als Quell der Liebe selbst über die Maßen liebenswert ist.

Wie es heißt: „Gott liebt allein Gott." Und darin ist alles enthalten und umfaßt, weil alles und jedes ein Bild und Gleichnis Gottes ist und damit seiner Substanz nach eins mit Ihm und Er selbst.

Deshalb fühlen wir, wenn wir unser Herz öffnen: Alles ist Liebe, weil alles Gott und als Dieser die Liebe selbst ist. Gott aber ist das Selbst aller lebenden Wesen und geschaffenen Dinge und als solches sowohl Subjekt als auch Objekt jeder Form und Freiheit des Liebens und der Liebe schlechthin.

Gott liebt, weil die Liebe sein Wesen ist. Die Liebe liebt ohne Warum. Der Mensch liebt, soweit er der Wahrheit in seinem Herzen Ausdruck verleiht bzw. sich seiner Göttlichkeit bewußt ist.

Das aber sind die Anfänge und Grundlagen des Liebens: die Annahme unserer selbst und unseres Nächsten, ja von allem, was ist. Die nächsttiefere Stufe der Liebe ist das Geben dessen, was wir von oben empfangen und was wir aus unserem Herzen schöpfen. Darüber hinaus geht das Verständnis des Anderen – nicht das intellektuelle oder wissende Verstehen, sondern das Verständnis unseres heiligen Herzens.

Herz und Seele kennen unzählige Ausdrucks- und Manifestationsformen der Liebe.

Der Heilige Thomas hat das seinerzeit so ausgedrückt:

„Nam amor communius est inter ea, omnis enim dilectio vel caritas est amor, sed non e converso." (Thomas von Aquin: Summa, I, II q. 26 a. 3 c.)

Die Mutterliebe, die Kindesliebe, die Nächstenliebe, die barmherzige Liebe, die Gottesliebe, die Feindesliebe etc. Allen Formen der Liebe gemeinsam sind: Annahme, Sanftheit, Wahrhaftigkeit, Lassen können, Geduld, Barmherzigkeit, Vergebung, Wohlwollen, Förderung des eigenen Wesens, Geben, Bejahung, Segnen, Ermutigung, Fürsorge, Zuspruch und Hingabe sowie Verwirklichung des Selbst in der Selbstentäußerung.

Die Natur der Liebe als Kraft und Energie ist zu wirken und zu bewegen; Die Liebe ist eine Kraft, die reinigt, ausscheidet (was nicht lauter oder wahr ist), erhebt, beglückt, heilt und alles in die Tiefe, zum Schweigen und zu sich selber führt. Die Liebe ist jene Kraft, die alles und jedes in dem faßt, fördert und verherrlicht, was es von seinem Ursprung her ist.

Sie gibt Gott, was Gottes ist und dem Kaiser, was des Kaisers ist. Sie braucht und will nichts für sich und ist sich selbst genug. Was sie wirkt und gibt, wirkt und gibt sie nicht dem äußeren Menschen, sondern Gott und dem Selbst. (Paulus) Sie liebt, was sie liebt um des Selbst willen.

Diese Wahrheit ist Thema eines berühmten Dialogs aus der Brihadaranyaka-Upanischad. Darin heißt es:

„Alt geworden, sagte (der Weise) Yajnavalkya zu Maitreyi, seinem Weibe: ‚Meine Geliebte, hier ist all mein Geld und mein Besitz. Ich gehe fort.' Sie antwortete ihm: ‚Herr, wenn ich die ganze Erde und all ihre Reichtümer besäße, würde mir das Unsterblichkeit verleihen?' ‚Nein' antwortete Yajnavalkya, ‚das wird es nicht; du wirst reich sein, das ist alles. Aber Reichtum kann uns nicht Unsterblichkeit geben.' Sie erwiderte: ‚was soll ich tun, um das zu erlangen, durch das ich unsterblich werden kann? Weißt du es, so sage es mir.'

Yajnavalkya antwortete: ‚Ich habe dich immer geliebt und liebe dich nach deinem Fragen jetzt mehr als je zuvor. Komm, setze dich, ich will es dir sagen, und hast du es gehört, so meditiere darüber.'

Er sagte: ‚Es ist nicht um des Gatten willen, daß das Weib den Gatten liebt, sondern es ist um des Atman willen, daß es den Gatten liebt, weil er das Selbst ist. Keiner liebt das Weib um des Weibes willen, sondern, weil er das Selbst liebt, liebt er das Weib. Keiner liebt die Kinder um der Kinder willen, sondern weil man das Selbst liebt, deshalb liebt man die Kinder. Keiner liebt Reichtum wegen des Reichtums, sondern weil man das Selbst liebt, liebt man den Reichtum. ... So liebt auch niemand die Welt um der Welt willen, sondern weil man das Selbst liebt, liebt man die Welt. Und desgleichen liebt man die Götter nicht um der Götter willen, sondern weil man das Selbst liebt, liebt man die Götter. Keiner liebt irgendein Ding um des Dinges willen, sondern man liebt es um des Selbst willen.

Darum will dieses Selbst gesehen, gehört, bedacht und meditiert werden. O meine Maitreyi, wenn dieses Selbst gehört worden ist, wenn dieses Selbst geschaut worden ist, wenn diese Selbst verwirklicht worden ist, dann hast du all das erkannt.‘"

Daraus folgt: Alles, was wir außerhalb des Selbst lieben, ist nicht Liebe, sondern Verhaftung. Es ist Liebe um des kleinen Ich willen, das nur ein Schatten jenes wahren Selbst ist. So ist es mit allem. Sobald wir uns nur einem einzigen Ding im Weltall verhaften, sondern wir es und uns vom All als Ganzem und dem Selbst, das sein Wesen ist, ab. Wenn wir aber alles als Verkörperung des Selbst sehen und als solches lieben, nicht als Erscheinung, dann ergreifen wir das Ding, das All und das ganze Leben in Einem, als in seiner Wurzel und gründen uns damit im reinen Sein als dem transzendenten Ursprung der Welt.

Wer etwas im Selbst liebt, der liebt darin alles in allem und wird in seiner Liebe selbst damit eins. Er erfährt sich nicht als dies noch als das, sondern als jenes Selbst, das All und alles durchdringt und umfaßt.

Das ist auch die verborgene Wahrheit hinter den Liebesgeboten Jesu: „Liebe Gott (das Selbst) über alles, und deinen Nächsten wie dich selbst (viz. als dein Selbst)." Oder: „Wer Vater oder Mutter, Sohn oder Tochter mehr liebt als Mich (das Selbst), der ist Meiner nicht wert." (Matth.)

Weiter spricht Yajnavalkya: „Es ist so, wie sich ein Salzkorn gänzlich im Wasser auflöst; es ist als solches nicht mehr zu erfassen, aber wann immer man vom Wasser trinkt, ist es salzig. Ebenso ist dieses große, unendliche, grenzenlose Selbst reiner Geist (der alles durchdringt). ...

„Wenn noch etwas anderes bestünde, so würde eins das andere sehen, eins das andere riechen, eins das andere schmecken, eins das andere begrüßen, eins das andere hören, eins das andere denken, eins das andere fühlen, eins das andere erkennen.

„Wenn aber alles zum Selbst geworden ist, womit und wen sollte er da sehen, womit und wen sollte er da riechen, womit und wen sollte er da begrüßen, womit und wen sollte er da hören, womit und an wen sollte er da denken, womit und wen sollte er da fühlen, womit und wen sollte er da erkennen? Womit sollte er den erkennen, durch den er das All erkennt? Womit, fürwahr, sollte er den Erkenner erkennen? So ist dir Unterweisung zuteil geworden, Maitreyi. Dergestalt ist die Unsterblichkeit."

Die Liebe als oberste aller Kräfte des Universums

Das neugeborene Kind bzw. die Seele, die das Licht der Welt erblickt, beginnt von Anfang an die neue Umwelt zu erforschen. Als Erstes erforscht es mit Mund und Händen die Brust und den wärmenden Körper der Mutter. Schon bald öffnet es sich dem weiteren Raum, der es umgibt sowie den Elementen, die es darin vorfindet – die Luft zum Atmen, die Muttermilch und durch das Anfassen und die Berührung der Dinge die Beschaffenheit der festen Gegenstände seiner Umwelt. Das ist der Entwicklungsgang des Menschen und der Seele, daß sie in beständiger Expansion und Weitung ihrer Wahrnehmung die Vielfalt und Weite des Universums entdeckt und erforscht.

Später entdecken wir die verschiedenen feinstofflichen Ebenen und Sphären, aus denen dieses Universum in seiner Ganzheit besteht sowie das Faktum, daß wir selbst aus all diesen die Welt aufbauenden Elementen und Energien bestehen und unser Leben darüber hinaus von einem dauernden und funktionierenden Stoffwechsel und Austausch mit den Stoffen und Kräften der jeweils entsprechenden Sphäre der Welt abhängt.

Obwohl wir zeitlebens hier im Energiefeld unserer Mutter Erde verwurzelt und verankert sind, wird uns bald bewußt, daß unser Geist und unsere Seele nicht hier auf Erden, sondern im Himmel beheimatet sind. Wir sind also Wesen eines doppelten Ursprungs. Unser Körper ist eine Frucht der Erde, unser Geist und unsere Seele aber ein Kind Gottes.

Wo wir in unserer Göttlichkeit und zur Entdeckung der Liebe in unserem Herzen erwachen, dort nimmt unser Weg der spirituellen Verwirklichung und unseres Aufstieges im Licht seinen Anfang und führt uns vermittels der Integration all unserer Erfahrungen durch alle Sphären des Seins ewig höher empor in Richtung Alltranszendenz im ersten Einen oder Tao.

Wir entdecken: Sowohl der intelligible (geistige) als auch der sensible (sinnfällige) Kosmos besteht aus einem System bzw. einer Hierarchie von Qualitäten und Kräften. Alles Leben ist eine Frage von Qualität und Energie. Wie die Alten sagten: Du sollst die Erde vom Feuer scheiden und das Feine vom Groben und zwar sanft und mit großer Kunstfertigkeit. (Aus der Smaragdenen Tafel des Hermes) Das ist das Prinzip des Aufstieges.

Indem wir die Sphären all unserer Vorstellungen und Emotionen durchlaufen haben, entdecken wir allmählich die göttliche Liebe als die höchste dieser Qualitäten. Die Liebe ist die subtilste und zugleich höchste aller Schwingungen und Kräfte des Universums. Gott, der Quell und Ursprung von All und allem ist reinste Liebe. Und diese göttliche Liebe beschert allen Geschöpfen und allem Leben unsagbare Gnaden und Güter, ja sie ist unser Ursprung und die Substanz unseres Lebens, wie auch unseres Lebens Bestimmung. Sie beschert jeder Seele von ihrem Ursprung in Gott her Geborgenheit, inneren Frieden, Heil und Einssein mit All und allem. Aus der Liebe kommen Glück und Wohlfahrt für jeden. Allein die Liebe gewährleistet ein höchstes Maß an Wohlfahrt für alle. Deshalb wurde die Liebe zur höchsten aller Eigenschaften im Abenteuer der Gottverwirklichung erhoben.

Als vernunftbegabte Kraft, ja höchste Vernunft und Weisheit selbst, ist die Liebe auch die Kraft, die über allem, was ist, herrscht und alles regiert – selbst wenn zeitweilig Unvernunft und Verwüstung die Oberhand haben sollten. Das können wir alle aus eigener Erfahrung bezeugen. Im Ganzen aber ist die Liebe stets und allezeit die höchste Macht im Universum. Sie ist es, die die Manifestation und Ordnung in Geist und Leben lenkt und bestimmt. Wie die Wahrheit, mag sie lange verleugnet sein, hat sie aber einen langen, eben ewigen Siegeszug. Deshalb wird in und mit ihr auch die Vernunft letztlich immer siegen.

Da ist kein Ende im Lobpreis der Liebe. In dem Maße wie Selbstsucht der Liebe widerspricht, das Herz verengt und verhärtet, in dem Maße übe Selbstlosigkeit und Weitherzigkeit und schöpfe aus dem Herzen, was dir da aus dem Quell Gottes zufließt. Erforsche die Freude des Gebens.

Entdecke die Freuden des einfachen Lebens. Fühle die ursprüngliche Demut deines Wesens. Erforsche die ursprünglichen Qualitäten deiner Seele.

Das ist die Weisung all der Heiligen, denn sie kannten das Gesetz des spirituellen Aufstiegs und der geistigen Verwirklichung. Liebe beinhaltet Barmherzigkeit, Sanftheit, Verständnis, Wohlwollen und Vergebung. Liebe umfaßt alle Bereiche des Lebens. Und nur die Liebe führt uns in die Tiefe unseres eigenen Seins.

Deshalb nannte Jesus die Liebe als den Weg zur Seligkeit: „Liebe deinen Nächsten wie dich selbst." Der „Nächste" ist die ganze Menschheit und jede Kreatur. Liebe tilgt eine Vielfalt von Schwächen. Liebe überwindet eine Fülle negativer Eigenschaften, die sich in deinem Bemühen um Gottverwirklichung gegen dich richten. Liebe ist eine rein göttliche Kraft und Eigenschaft.

„Liebe Gott von ganzem Herzen und mit all deiner Kraft und deinen Nächsten wie dich selbst." Henry Drummond, der die Epistel des Paulus kommentiert, nennt die Liebe „das Höchste in dieser Welt."

Liebe ist die eine Waffe, die dich befähigt, dich von deinem Elend zu erlösen. Sie vermag dich von einem ganzen Bataillon quälender Eigenschaften zu befreien, indem sie dich antreibt und lehrt, dich selbst in allem anzunehmen und zu lieben, wie du bist – mit all deinen Stärken und Schwächen. Gott macht keinen Unterschied: er liebt dich, wie du bist und um deinetwillen – ganz gleich ob du dich groß fühlst oder klein, stark oder schwach, hingebungsvoll oder rebellisch. All das zählt vor der Liebe nicht. Sie nimmt alles, wie es ist.

Ein altes Gebet lautet deshalb: „O, Gott, nimm mich, wie ich bin, und forme mich zu dem, wie du mich haben möchtest." Das ist eine rein rhetorische Bitte: Denn Gott, der absolute und bedingungslose Liebe ist, brauchen wir nicht darum bitten; es ist vielmehr eine Bitte an unseren rechtenden und urteilenden Verstand.

Im 69. Vers der zehnten Ekloge, einem Hirtengedicht Vergils, heißt es: „Omnia vincit amor" (bzw. „Amor vincit omnia") „et nos cedamus amori". Ins Deutsche übersetzt lautet diese Textstelle: „Die Liebe besiegt alles, so wollen wir uns auch der Liebe fügen."

Es ist das gelebte Zeugnis Jesu und all der Aufgestiegenen Meister die uns die Tiefe dieser Wahrheit offenbarten. Denn der größte Sieg den wir durch sie erringen können, ist der Sieg über uns selbst. In der Liebe ist es uns möglich, all unsere Ängste und jedes Übel zu überwinden.

Der Liebe gehören der Sieg über alle vermeintlichen Übel und die Vollendung allen Seins und seiner Glückseligkeit. Der beste Weg unleidige Eigenschaften loszuwerden ist der der liebevollen Annahme. Nur das kann die Seele verabschieden, was wir in Liebe annehmen. Deshalb nimm alles an, wie es ist und fülle dein Herz mit Liebe. Dann wird alles Übel, Ärger, Härte und Haß aus deiner Seele fliehen. Die Liebe macht dich sanftmütig und bereit, alles zu vergeben und vergessen. Sie macht dich wohlwollend und barmherzig. Sie macht dich warmherzig und verständnisvoll. Die Liebe ist ein großer „Reiniger" und der Erwecker unserer eingeborenen göttlichen Natur.

Sie befähigt uns, das, was unserem Verstand als unmöglich erscheint, zu verwirklichen. Wo wir uns ihr hingeben und überlassen, bewirkt sie auf natürliche Weise das Absterben unseres kleinen Ich, unseres Ego. In der Liebe stirbt es sanft und klaglos dahin. Denn die Liebe ist stärker als der Tod und fester als die Unterwelt!" (Hohelied 8. 6)

Es mag schmerzen, aber dieser Schmerz ist der Seele ein geringer und willkommener Preis für die Jahrtausende langen Qualen und Agonien, die das blinde Ego ihr zugefügt hat. Ja, die Liebe ist der Tod des Ego und die Auferstehung des Lichtes in uns. In ihr erwacht der Mensch zum Bewußtsein seiner Göttlichkeit. Wie es heißt: „Tod wo ist dein Stachel, Hölle, wo ist dein Sieg!"

Und es ist Gott selbst samt der Vielfalt der Wesenheiten des Lichtes, die uns täglich, ja all-augenblicklich mit dieser göttlichen Liebe durchdringen und unser Herz und unsere Seele mit ihr durchfluten. Und es sind jene Wesenheiten, Götter, Erzengel und Aufgestiegenen Meister, die uns in unserem Prozess der Selbstwahrnehmung, Reinigung, Heilung und Verwirklichung nahtlos begleiten und unterstützen. Ja, aus eigener Erfahrung möchte ich geradezu sagen, daß sie es sind, die diese große Wandlung in uns vollbringen. Schließlich erkennen wir ja, daß sie alle Strahlen unseres göttlichen Selbst sind. Sie sind wir und wir sind sie.

So erfahren wir, daß nur eines uns befähigt, all das, was unserem Verstand als unmöglich erscheint zu erwirken – und das ist reine ursprüngliche Liebe Gottes und unseres Herzens.

Die Liebe – und darin inkludiert ist diese große Unterstützung von Seiten der Wesenheiten des Lichtes – befähigt uns aber nicht nur, uns selbst zu überwinden und in unserer Göttlichkeit anzunehmen und zu verwirklichen, sondern auch allerlei Hindernisse und Widerwärtigkeiten im Außen zu meistern. Sie verleiht der Seele gleichsam die überirdische Kraft und Fähigkeit, alles zu ertragen und hinzunehmen und doch bei sich zu bleiben. Sie befähigt den Menschen zugleich sich selbst treu zu sein und doch ganz für den anderen da zu sein, sowohl Ablehnung und Haß nicht nur von unbekannter Seite, sondern auch vom geliebten Menschen hinzunehmen und doch ihm zugewandt und verbunden zu bleiben. Sie ist standhaft und treu und läßt den anderen gewähren und in demütiger Geduld und Festigkeit sich selbst finden. Er darf sich an mir stoßen, reiben und um sich selbst ringen, wobei ich ihm nur durch meine Festigkeit Beistand und Hilfe sein kann. Wie Jeshua zu seiner Zeit, vermögen auch wir dem anderen Rückhalt und Widerstand zu bieten und daran seine Not und sein Elend, die ja immer in Eigensinn und Macht ihre Ursache haben, zu erkennen, anzunehmen und zu erlösen.

Liebe ist keine menschliche Eigenschaft, sie ist göttlich! Liebe ist nicht romantische Sentimentalität. Liebe ist die Kraft Gottes! Liebe ist eine kosmische Kraft. Sie ist die Kraft, die das ganze Universum zusammenhält. Himmel und Erde lieben einander. Vögel und Luft lieben einander. In gleicher Weise ist der ganze Kosmos in wunderbarer Weise durch die Macht der Liebe zusammengehalten. Und das ist Gott. Liebe ist die höchste Manifestation Gottes in der Natur, Seine Kraft, die alles eint und zusammenhält. Deshalb ist die Liebe fähig, alles, was göttlich ist, zu gewinnen.

Von allen Aspekten und Eigenschaften der Liebe ist wohl jene die geheimnisvollste und mächtigste, mit der die Liebe von einer Seele zur anderen übertragen werden kann. Und da, wo sie von einem Herzen zum anderen überfließt, überträgt sie mit sich all die vielen Gaben des Lebens, der Weisheit und Erfahrung, die der Mensch in seiner Seele gefunden und verwirklicht hat. Liebe ist das große Medium des Austauschs, das allein es vermag, alle Entfernungen und Grenzen zu überwinden.

Auch lehrt die Liebe die Seelen das, was sie in ihrem Reife- und Verwirklichungsprozeß zu „lernen" oder zu meistern haben und vereint sie in ihrer gemeinsamen Aufgabe und Bestimmung. Sie führt zusammen, was zusammen gehört. Das ist es, was wir Mitgefühl nennen. Wer das begreift, der beginnt Mitgefühl zu verstehen. Und wer Mitgefühl hat, dem stehen alle Dimensionen und Wirklichkeiten offen, der kann ohne Angst oder Ablehnung sogar durch den Tod gehen. Wer sich den Pfaden der Liebe hingibt, in dem wird das Bewußtsein seiner selbst als Liebe erwachen.

Die Liebe, zu der wir gereift und erwacht sind, beinhaltet alles, was wir sind und was uns als Mensch und Individuum in Gott ausmacht. Sie umfaßt, beinhaltet und transportiert alle Tugenden und Gaben, Einsichten und Erkenntnisse, die zu verwirklichen wir in diesem Leben angetreten sind. Die Liebe erfüllt alles und kennt keinen Mangel. Auch hier in der Welt deckt sie alle Realität und Notwendigkeit ab; sie bedarf weder der Ergänzung noch der Zusätze oder Verpflichtungen. Alles, was darüber hinausgeht, mindert und befleckt ihre makellose Reinheit.

„Liebe ist, wer wir sind und was eine Seele für eine andere empfindet." (Jeshua) Liebe ist absolut frei und unendlich. Sie kennt keine Grenzen; ihr sind nicht einmal Nihilismus oder Haß, Angst, Verweigerung oder Zerstörung ein Hindernis. Sie weiß und erlebt, daß nichts, was wahr und göttlich ist, zerstört oder verloren werden kann, sondern nur die Manifestationen des Zeitweiligen und Vergänglichen der Zerstörung anheim fallen können – und sie müssen früher oder später ohnehin losgelassen und verabschiedet werden.

„Alle Arten von Bewußtsein, Erfahrung und Verstehen können durch die Meisterung der Liebe von einer Seele auf die andere übertragen werden. Das ist die Allmacht des Mitgefühls. Was auch immer durch die Macht der Liebe von einer Seele auf die andere übertragen wird, das währt ewig."

Eine Seele, deren Selbstverständnis in der Wahrheit und der Liebe wurzelt, ist in Harmonie in und mit sich selbst, ja mit allem, was die Gesamtheit des Lebens fördert und es der Seele erlaubt, ihren Daseinssinn zu erfüllen.

Ihrem ewigen und göttlichen Wesen nach ist die Liebe selbst unzerstörbar und in ihrer Wirkung in Wahrheit nicht zu behindern. Welche Entscheidungen wir auch immer treffen mögen, welche Konflikte und Hindernisse sich aufgebaut haben mögen – die größere Macht der Liebe durchdringt, löst und vereinigt alles auf ihrem Weg zur Erfüllung des Lebens.

Vom Loslassen

Der Weg der Liebe ist zugleich ein Weg des Loslassens, ja des Lassens überhaupt. Die Liebe hält nicht fest, sondern läßt sein und gibt frei. Sie hat auch keine Angst; sie ist frei von Verlustangst und Haben-Wollen. Vielmehr weiß sie, was zu ihr gehört, wird zu ihr kommen. Wahre Liebe gründet also stets auf Gottvertrauen; Sie fühlt und weiß, daß alles so kommt, wie es das beste ist, das beste für alles und jedes und damit auch für das Große Ganze selbst bzw. umgekehrt. Im Plan und in der Bestimmung des Großen Ganzen ist alles einbezogen und so weiß die Liebe aus ihrem Grund und Ursprung heraus, daß alles gut ist, wie es ist und alles auf dem Weg zur Erfüllung seiner Bestimmung und seines Daseinsgrundes ist. Diese Erfüllung schließt die Seinsvollendung und seine Glückseligkeit mit ein, bzw. besser gesagt: Sie *ist* die Glückseligkeit des Seins.

Jungen Seelen fehlt es oft an Vertrauen. Sie haben viele Muster und Erfahrungen von Trennungen, Enttäuschungen und schmerzlichen Verlusten in sich aufgezeichnet und lassen sich von diesen Erfahrungen bestimmen. Das heißt, daß ihnen das rechte Vertrauen und die rechte Gründung und Verankerung in Gott abgeht. Sie sorgen und ängstigen sich um all das, was ihnen im Leben als wichtig und notwendig erscheint.

Doch das hält sie an negative Vorstellungen und Erwartungen gebunden und sie erkennen nicht, daß schon die vergangenen Traumata und Erfahrungen auf falschen Prämissen ihres Denkens, Fühlens und Tuns beruhten. Anstatt an der Wurzel ihres Seins und Lebens – das ist der Liebe und Präsenz Gottes festzuhalten, haben sie sich bewußt oder unbewußt davon gelöst und sich sodann an äußere Wesenheiten und Formen gehängt. Das ist der Sündenfall, das Essen vom Baum der Erkenntnis von Gut und Böse. Das Buch Antwort der Engel nennt diesen Baum, Baum des Glanzes, der Illusion; er läßt das äußere Gut, die äußere Erscheinung einer Person bzw. Seele als Gegenstand von Glück und Erfüllung erscheinen und führt damit zur Versklavung an diese Person oder äußere Form. Und da, wo wir diese Form oder Erscheinung verlieren, verlieren wir mit ihr unser ganzes Glück. Wir sterben gleichsam tausend Tode mit ihrem Verlust. Und dieser Schmerz bleibt in der Seele solange aufgezeichnet und fixiert, Besseren besonnen und in der Rückkehr in den Ursprung selbst geheilt und von der sie bedrückenden Erinnerung und Illusion befreit hat. Das ist es, was wir Karma nennen, die Frucht unseres unbewußten Tuns.

Ich weiß, wovon ich rede, denn für mich waren Tod und Verlust von geliebten Menschen und der Schmerz, der diese Erfahrungen begleitete, der Weg, der mich zurück zu Gott führte. Nach dem Verlust meiner ersten Partnerin kniete ich nieder und betete zu Gott: „Mein Leben um meinetwillen ist dahin. Wenn Du mich brauchen kannst, will ich Dir Bühne sein." Das war der Moment, wo ich meine Berufung durch Jeshua empfing.

Er nahm seither jenen Platz in meiner Seele ein, der ihm gebührte, den ich jedoch zuvor meiner Dame zugewiesen hatte. Mit Ihm kam eine derart reiche Fülle des Lichtes und tiefe Verheißung in mein Leben, daß ich damit eine völlig neue Ausrichtung fand. Wie oben bereits angedeutet, begann damit mein Weg zu Gott und ins Licht.

Noch stark von den Wehen des Verlustes beherrscht, ging ich nach Israel, um in den Fußstapfen Jesu Kraft und Inspiration zu finden. Schon kurz nach meiner Ankunft in Tel Aviv fand ich in einer Auslage ein altes Sprichwort mit folgendem Text: „Nur, was du ganz verloren, kannst du auf ewiglich besitzen." Das saß. Ich begriff, daß mein Klammern nur so erlöst und gewandelt werden konnte. Wer nicht von sich aus los läßt, dem wird genommen, was er hält. Das war der Anfang eines neuen Weges. Ich erkannte, wahre Liebe hält nicht fest, sondern gibt frei. Sie läßt gehen, was gehen will und läßt kommen, was kommen will. Sie hängt sich an nichts und weist nichts zurück.

Der Liebende hat gelernt zu lassen. Er hat aber auch seine Gründung und Verbindung mit Gott als dem Grund und Ursprung seines Seins und seiner Seele nicht verloren oder preisgegeben. Bzw. hat er sie nach einem entschlossen gegangenen Weg der Selbsterkenntnis und Selbstheilung wiedergefunden. Und so weiß und fühlt er, daß alles gut ist, wie es ist, denn alles fließt aus und gründet in jener Vorsehung, die in dem allumfassenden Plan und Willen des Einen seinen zeitlosen Ursprung hat.

So hat der Liebende erfahren und gelernt, daß das Glück nicht im Festhalten von irgendetwas noch überhaupt im Außen liegt, sondern innen in der eigenen Mitte, in der Tiefe des eigenen Seins bzw. in Gott. Auch liegt die Erfüllung der Liebe nicht in der Verwirklichung äußerer Gemeinschaft, sondern in der Herzensverbindung und gefühlten Einheit zwischen den Liebenden. Was darüber hinausgeht folgt einem überpersönlichen Plan, den niemand kennt. Er aber gründet in der Wurzel und dem transzendentalen Grund allen Seins und Lebens und beinhaltet – wie bereits gesagt – die Bewegung und Entfaltung alles Geschaffenen in Richtung auf höchste Seinsvollendung und damit das Ziel absoluter, wunschloser Glückseligkeit.

Aus dieser Erfahrung und diesem Wissen heraus haben die Weisen aller Epochen und Kulturen das Lassen als den Weg zum höchsten Glück und zur Erfüllung von Dharma (=Bestimmung) und Tao genannt. So mögen wir uns – um der Erlangung diesen Glückes willen – in Vertrauen und Hingabe üben und von der Liebe Gottes tragen und umsorgen lassen, um schließlich selbst zu einer Manifestation jener Liebe zu werden, die alles weise lenkt und vollendet, ohne selbst zu binden oder festzuhalten. Denn der der liebt, und sich dem Gang der Dinge anvertraut und überläßt, zu dem kommt von selbst all das, was ihm seit Ursprung der Zeit zugedacht und bestimmt ist. Das ist die ursprüngliche Weisheit der Liebe.

Das Wunder der Heilung aus der Rückbindung an den Ursprung

Etwas wird nicht aus Nichts erschaffen. Alles wurde aus dem Sein erschaffen. Der ultimative Zustand reinen Seins ist die friedvoll und still in sich selbst ruhende Gesamtheit von schöpferischen Energien und deren Potential – der im all-transzendenten Einen gründenden Fülle der Ideen.

Das ist der Zustand, in dem alle Ideen der Schöpfung Form annehmen. Und all diese Ideen sind nichts als unmanifestierte Qualitäten des absoluten Seins oder Selbst.

Es gibt kein Schöpfungsinstrument außerhalb des göttlichen Seins. ICH BIN, DER ICH BIN ist Gott. Also wirst auch du die Wahrheit über dich selbst nicht durch Taten oder durch deine persönliche Geschichte erkennen, sondern in der Einfachheit deines stillen und friedvollen inneren Seins. In diesem Universum und für alle Zeit ist Sein das Höchste! Die Erfahrung des Seins in seiner Einfachheit ist das Geheimnis, wie wir Mitgefühl, Realität und Integrität miteinander vereinbaren und die Gefahr, uns in Illusionen, Urteilen und der Vorstellung des Getrenntseins zu verstricken, überwinden können.

Der Schlüssel zur Wiederentdeckung und Ver-wirklichung des authentischen Selbst liegt im

Fühlen des Seins. Dieses Sein läßt sich ausschließlich durch es selbst beschreiben. Das Licht unseres Seins ist unkorrumpierbar und ewig ursprünglich. Das können wir in der Stille unseres Herzens unmittelbar wahrnehmen. Wie es heißt: „Sei still und wisse, daß Ich, Gott, Bin."

William Shakespeare hat dies in seinem Hamlet in folgende Worte gekleidet: „Dies über alles! Sei dir selber treu, und daraus folgt, so wie die Nacht dem Tage, du kannst nicht falsch sein gegen irgendwen."

Darin besteht auch das Wunder von Heilung. Wenn eine Seele fest in der Gegenwart Gottes verankert ist, erkennt und ehrt sie alles und jeden selbst als Manifestation und Gefäß des Geistes Gottes. Dort kann Heilung geschehen. Wo immer Liebe von einer Seele zur anderen übertragen wird, sind Heil und Ganzsein mit eingeschlossen. Wenn es möglich ist nur einen Teilaspekt unserer Erfahrung des Selbst zu übermitteln, dann ist es auch möglich die Erfahrung des Ganzen, also des Ganzseins zu übermitteln.

Jeshua sagte einst zu einer Jüngerin des Weges: „Außer daß ich eins mit dir bin und du eins mit mir bist, können wir nichts füreinander tun. Das gilt für alle Menschen." Durch die Verbindung in der Liebe, was das Gleiche ist wie Mitgefühl, und durch die Einheit des Geistes, was

128

das Gleiche ist wie Frieden, kommt das Licht in die Welt und bringt alles zur Vollendung.

„Ihr wurdet als Liebe nach dem Bilde Gottes erschaffen. Je mehr ihr euch auf diese Wahrheit bezieht und euch an den Segnungen Gottes erfreut, desto mehr werdet ihr an Weisheit und Stärke gewinnen, um in dieser Welt zu sein, aber nicht von ihr. ...

„Wenn ihr wißt, daß ihr in dieser Welt seid, um zu dienen, Erfahrungen zu gewinnen (sammeln) und um der Gemeinschaft mit dem Leben willen, dann könnt ihr ein breiteres Verständnis eurer Verbindungen mit allem Leben entwickeln. So könnt ihr euch selbst, eure Geschichte, euer Miteinander in einem neuen Licht sehen und zur Erfüllung eurer Bestimmung gelangen.

„Ihr seid die Ganzheit eurer Liebe und all eurer Erfahrungen. Die fehlgeleitete Vorstellung, daß euer Leben soweit „berichtigt" werden müßte, bis nur noch eure bevorzugten Seiten übrig sind, ist reine Torheit.

„Die Sehnsucht des Herzens ist nicht auf Dinge gerichtet – weder solche, die du nicht hast noch solche von denen du meinst, daß du sie bräuchtest.

„Das Herz verlangt nach nichts, was für dein Leben ohne wahre Bedeutung wäre. Es durchschaut die Illusionen des „Ich habe nicht genug", denn es weiß um die größere Wahrheit, dass du alles hast, was du brauchst und dir jeweils alles gegeben wird, was du zum Reifen und Wachsen benötigst.

„Das Heilige Herz deines Seins kennt keinen Mangel. Es verlangt nur danach, seine Beziehung zu Gott zu erfüllen, das heißt aber, deine verborgenen Schätze zu entdecken, dich mit der Freude ihrer Erkenntnis zu erfüllen und sie in deinem Leben zur Offenbarung zu bringen. Groß ist die Dankbarkeit deines Herzens für das, was du bereits hast, und grenzenlos sein Vertrauen, daß du alles empfängst, was du benötigst und auch daß du es dann erhältst, wenn seine Zeit gekommen ist.

„Laß dich nicht von Illusionen der Bedürftigkeit täuschen. Stärke stattdessen die Macht der Liebe in dir, indem du auch für das dankst, was noch nicht sichtbar oder manifest ist und indem du dem Leben Lobgesänge singst, selbst dann, wenn du vor Schmerz schreien könntest.

„Jede Seele birgt einen Samen in sich, der – so wir nicht dagegen arbeiten – beständig wächst und irgendwann seine Früchte zeigt. Zu seiner Zeit wird er dir eine reiche geistige Ernte bescheren.

„Wann immer du das tust, stärkst du dein Vertrauen und deine Integrität in Bezug auf das im Leben, was wirklich zu dir gehört.

„Wenn du nach dem strebst, was nicht wirklich dein ist, entsteht in dir eine Art unstillbarer Hunger und ein tiefes Gefühl von Bedürftigkeit, welches dein Leben verzerrt und ein elementares Unwohlsein erzeugt."

Sehnsucht und Verlangen sind elementare Kräfte der Seele. Ohne leidenschaftliche Sehnsucht kann in der Tat nichts erreicht werden. Das Verlangen von dem wir hier sprechen ist nicht mit dem Wollen, oder einer Art Gier nach Anhaftungen und weltlichen Dingen assoziiert. (Das ist die Art von niedrigem Verlangen, vor dem die spirituellen Meister aller Zeiten gewarnt haben. An Verlangen an sich ist jedoch nichts falsch, sondern an seiner Richtung.)

Ein Herz, das mit seinem wahren Verlangen verbunden ist, kennt keine Bedürfnisse, nur unendliche Dankbarkeit für all das, was bereits gegeben wurde und ein unstillbares Verlangen, zurückzugeben. Das wahre Verlangen des Herzens ist jenes, das allein danach trachtet aus der Fülle seines Seinsgrundes zu schöpfen und das Geschöpfte in freien Stücken zu geben und an alle zu verteilen.

Das Herz kennt sein wahres Verlangen. Nur euer Herz kann euren Schatz erkennen, wenn er erscheint. Nur euer Herz weiß, daß alles Lebendige heilig ist und daß Beten bedeutet, sich in das Sein als das allgegenwärtige Heilige zu versenken.

Es ist gleichgültig, mit welchen Gefühlen, Gedanken und Empfindungen ihr am Altar eures Herzens zu Gott aufseht und betet. Allen heiligen Augenblicken ist aber eines gemeinsam: Das Empfinden der Begrenztheit unseres kreatürlichen Menschseins und des Mangels ist vollkommen aufgehoben und von einem Gefühl überwältigender Fülle und des Absorbiertseins in die unbegrenzte Weite und Glückseligkeit des Seins abgelöst.

Die Liebe als Weg in die Transzendenz und Alleinheit

Es ist ein Chassidisches Sprichwort, daß das, was einen Menschen ausmacht, ja ihn erst zum Menschen macht, nicht ist, wie viel und was er weiß, sondern wie tief er fühlt. Unser Gefühl, unsere Gefühlstiefe erst macht uns zum Menschen.

Und so ist es auch mit der Liebe. Die Liebe ist ja das erste und ursprünglichste aller Gefühle und in ihr sind wir erst wirklich Mensch und mit allen Menschen und allem Leben verbunden. In der Liebe unseres Herzens sind wir mit dem Geliebten und allem, was ist, geeint. Denn die Liebe erhebt uns über alles Partikuläre und die eigene Person.

Auch hebt uns die Liebe heraus aus Raum und Zeit. Sie läßt uns in überzeitlicher und überräumlicher Einheit miteinander sein und überpersönliche Einheit erfahren.

Wo ich einen anderen in Gott liebe, wo ich einen anderen in Liebe berühre oder selbst von der Liebe eines anderen berührt bin, dort verschwinden die Begriffe von Ich und Du. Dort berühren wir einander in dem, was uns im überpersönlichen Wesen – also dem Selbst – gemeinsam ist. Wir erwachen oder erwecken den anderen geradezu zum Gewahrwerden jener Qualität, mit der uns das Du berührt.

Bei einer Begegnung in der geistigen Welt erscheint es uns oft, als würde uns eine Gottheit oder sonstige Wesenheit des Lichtes eine jeweils ganz spezifische Qualität oder Energie übertragen, sie uns gleichsam einpflanzen. In Wahrheit aber ist das, was wir als durch das andere Wesen vermittelt oder eingepflanzt erleben, stets schon vorher in uns selbst. Es ist nur durch die Berührung erweckt oder aktualisiert worden. Darin, daß Gleiches Gleiches erweckt, helfen uns Begegnungen – wenn wir darin bei uns selbst bleiben – uns selbst zu finden. Begegnungen bringen nur Manches, was lange in uns verborgen oder unbewußt war, ins Bewußtsein. Sie machen es manifest.

So, wie ich mich in Geist und Liebe mit Gott vereinen kann, so geschieht es auch zwischen individuellen Wesenheiten – ganz gleich ob Engeln, menschlichen Seelen oder Göttern, ob inkarniert oder rein geistig. Das, wodurch mich ein anderer berührt, ist eine Qualität, die darin in mir selbst berührt und erweckt wird. Nur Gleiches kann Gleiches erkennen oder berühren.

In der Liebe zu und füreinander erfahren wir unsere ewige transzendentale Einheit mit und untereinander. In der Liebe erkennen wir einander. In der Liebe finden wir uns selbst und einander und erfahren das Du als Manifestation des eigenen Ich oder Selbst.

Wo Liebe herrscht, sind wir Raum und Zeit enthoben. Selbst wenn die geliebte Person räumlich weit entfernt oder gar nicht mehr inkarniert ist, vermittelt uns die Liebe deren Gegenwart, so wie wir Gott in seiner Allgegenwart immer und überall erfahren.

Als Ausdruck des Selbst ist die Liebe substantielles Sein und als solche uns allen gemein, ja mehr noch sind wir in ihr alle eins und allerorts gegenwärtig.

Da gibt es kein Vermissen und kein Getrenntsein und auch sonst keinerlei Mangel. Da gibt es nur Sein und Einssein mit Allem. Die Liebe aber ist die Kraft, in der wir diese Einheit erfahren.

So wie wir Gott überall und immer erfahren, so können wir in der Liebe jeden und jedes als stets gegenwärtig und in und mit uns geeint erfahren.

Denn einzig und allein die reine Einheit in ihrer absoluten Transzendenz enthält nicht mehr den Unterschied von bestimmendem und bestimmtem Selbst, sondern rein selbiges Selbstsein ohne jede Vermischung. Insofern erscheint das jenseitige Eine selbst als das aus jedem Selbstbezug herausgenommene absolute Selbst.

Plotin sagte davon: „Es ist ursprünglich Es Selbst (πρoτος αυτoς) und über das Sein hinaus Es Selbst (υπεροντος αυτος). Allein kraft seiner absoluten Transzendenz ist Es als einziges in Wahrheit frei, weil Es auch sich selbst nicht dient, sondern nur Es Selbst und absolut Es Selbst ist, wo doch alles andere sowohl es selbst als – in der Menge seiner Attribute – auch ein (vielfältig) anderes ist." (Plotin, Enneade VI 8, 21, 30 – 33)

Die Erfahrung dieser Freiheit ist nicht Entrückung, sondern letztendliches Ankommen bei sich selbst.

Liebe als Erfahrung der Einheit des Seins

Dionysius Areopagita, der Pseudo-Dionysius nennt die Liebe eine Kraft der Vereinigung und der Verbindung – δυναμις ηνοτικη και συν-κρατικη, (heotike kai synkratike) auf Latein: eine vis unitiva et concretiva.

Unio est aliquorum distinctorum ... Unio est consequens amorem ... Die Einung ist Überwindung der Unterschiedlichkeit und des Getrenntseins und als solche die Konsequenz der Liebe.

Auch bei Thomas zielt die Liebe als solche vis unitiva auf die Überwindung bzw. Aufhebung von Zweiheit und Gegensätzlichkeit durch Vereinigung und Transzendenz, in der coincidentia oppositorum (Cusanus).

In jedem Falle ist die Anerkennung und Erhaltung der Freiheit in der Gemeinschaft (bzw. die Freiheit der Gemeinsamkeit) für die Liebe konstitutiv. Gemeinsamkeit in der Liebe ist nicht harmonischer Gleichklang von Selbigkeit, sondern immer das In-Beziehung-Treten einander Unterschiedener, die Relation zwischen einander immer auch in der tiefsten Gemeinsamkeit Unterschiedener. Sie unterscheidet sich wesentlich von der mystischen Vereinigung (der unio mystica), die das Aufgehen eines oder mehrerer (miteinander komplementärer) Individuen in dem universellen transzendentalen Sein als Ganzem ist.

Das erfordert die Anerkennung und Transzendenz der individuellen Distinktheit und Unterschiedlichkeit ... einen Aufstieg in die transzendentale Einheit des höheren Seins.

Das ist nicht Philosophie, sondern die unmittelbare, authentische Erfahrung echter Liebe. Da empfinden wir nicht: „Ich liebe dich", sondern „in der Liebe sind ‚Du und ich', und alles, was ist, eins."

Deshalb auch nannte Thomas die Liebe eine vis unitiva et concretiva, eine einende und verbindende Kraft. Sie zielt auf Überwindung von Trennung und Zweiheit in der Erfahrung der Einheit (zwischen Liebendem und Geliebten).

Rumi, der persische Meister der Liebesmystik und der Einung, sagte: „Keine Liebender würde die Einung mit dem Geliebten suchen, würde nicht er selbst sie wollen."

Liebe ist die Kraft, die alles zusammenhält. Sie ist die Kraft, die den Sternenhimmel trägt, die Planeten in ihren Bahnen um die Sonne hält, die Fische im Wasser und die Vögel in der Luft ...

Sie ist das Gesetz der Anziehung und der Affinität, aber auch der Scheidung und Ablösung ... Nach dem Gesetz Gleiches zieht Gleiches an und nur Gleiches kann Gleiches erkennen, führt sie zusammen, was zusammen gehört. Sie ist ein alles verzehrendes Feuer, das abscheidet und läutert und das Feine vom Groben trennt wie die Spreu vom Weizen.

Die Liebe verbindet, was zusammen gehört und sie trennt oder scheidet, was sich gegenseitig im Selbst- und So-Sein behindert. Denn sie führt alles zu sich selbst und dem, was es vom Ursprung her ist.

Sie gibt, was gebraucht wird und nimmt, was behindert und fremd ist. Ihr Wirken ist stets Erlösung und Befreiung zum Selbst-Sein.

Die Liebe ist ewig und unzerstörbar; sie wächst beständig und umfaßt schließlich alle Qualitäten des absoluten Geistes.

Liebe versöhnt und eint die Gegensätze und umfaßt die fernsten Pole und heftigsten Widersprüche. Die Liebe kennt keine Religion, keine Partei, keine Ideologie, keine Regel und kein Gesetz und sie erfüllt dennoch alle.

Liebe und Erkenntnis gehören zusammen und fördern einander. Je tiefer wir etwas (seinem Wesen nach) erkennen, umso tiefer werden wir es lieben – wir können dann gar nicht anders. Und je tiefer wir etwas lieben, um so mehr enthüllt der oder das Geliebte sein verborgenes Wesen, gibt es sich uns zu erkennen.

So auch mit Gott. Die Erkenntnis einer Sache – hier also Gottes – bewirkt, daß wir uns darin mit den Qualitäten des Gegenstandes unserer Erkenntnis – hier also Gottes – erfüllen. Schauen wir ins Licht, so werden wir Licht. Die Erkenntnis Gottes macht uns Ihm ähnlich, in der Liebe aber werden wir mit Ihm eins. Überhaupt gilt: Wir werden zu dem, was wir lieben. Der Liebende wird mit dem Geliebten eins.

Deshalb konnte Jeshua sagen: Ich und der Vater sind eins – weil er Ihn liebte. Und Al Haladj rief aus: „Der den ich liebe, ist ich geworden und ich bin der geworden, den ich liebe. So, wer uns sieht, der sieht uns beide."

Das aber ist die höchste Vollkommenheit und das höchste Glück des Menschen, daß die Liebe zu Gott sosehr sein Herz erfüllt, daß sie alles andere aufhebt, und wenn das nicht, so doch die Liebe zu allen Dingen überwiegt. (Al Ghazali: Von der Liebe in: Das Elixier der Glückseligkeit)

Abu Bekr, der Fromme, sprach: „Wer die reine Liebe zu Gott geschmeckt hat, der vergißt darüber die Welt und kehrt sich von (der Anhaftung an) den Menschen ab"

Hasan el Basri sagte: „Wer Gott recht erkennt, der liebt ihn."

Wen die Liebe einmal ergriffen hat, den läßt sie nicht mehr los. (Gibran) Wer sie nur einmal gekostet, der läßt um ihretwillen alles fahren und

die ganze Welt fallen wie eine Erbse. (M. Eckhart) Er errichtet ihr Tempel an jeder Straßen-
kreuzung und verherrlicht sie mit all seinen Worten und Taten. Er singt ihr ewig neue Lieder und
preist sie in allen seinen Gebeten.

Sie ist das Band, das alle Seelen verbindet ...
Sie ist Mitte und Zusammenhalt des Universums;
sie ist jeder Mannigfaltigkeit und jeder Vielheit
ihr Einheitsgrund. Sie ist das Lächeln in deinem
Herzen, der Jubel auf deinen Lippen, das Lied
deiner Seele und der Tanz deines Lebens. Sie ist
die Verklärung deines Leibes, der Quell deiner
Inspiration, die Schaffenskraft deiner Kunst und
das Vermögen deiner Erkenntnis. All das ist die
Liebe.

Die Sprache der Liebe in der Mystik

Wenn wir hier von Liebe reden, so ist das stets im Sinne der gelebten Wahrheit und göttlichen Anziehung gemeint. Die Liebe als Weg zur Erfahrung der Einheit steht hier all jenen Richtungen und Redeweisen gegenüber, die als kalt und tot erfahren werden. Die Begriffe Geist und Liebe sind hier also in ihrem ursprünglichen Sinn gemeint. (Siehe: Ashraf Sheikhalaslamzadeh: Philosophie der Liebe bei Jalal ad-Din Rumi)

Rumi, der große Dichter-Heilige des Sufismus, rief aus: „Ich bin weder Christ noch Jude noch Parse, noch Muslim. Ich stamme weder aus dem Morgenland noch aus dem Abendland, weder von der Erde noch vom Meer [...] Mein Ort ist, was ohne Ort ist, meine Spur, was keine Spur läßt [...] Ich habe die Zweiheit abgelegt, ich habe gesehen, daß die zwei Welten nur eine sind; ich suche das Eine, ich kenne das Eine, ich sehe das Eine und rufe Es an. Er ist der Erste, Er ist der Letzte, Er ist das Außen, Er ist das Innen [...]." (Zitiert nach Frithjof Schuon: *Den Islam verstehen*, Wien/München: O. W. Barth 1991, S 120)

Über die Liebe zu sprechen oder zu schreiben ist eine arbiträre Angelegenheit. Denn die authentische Liebe ist spontan und voll der Mysterien und Unwägbarkeiten. Ihre Erfahrung ist ewig neu und läßt sich kaum mit Worten einfangen. Schon Augustinus sagte: „Sagen kann ich's nicht, verschweigen, kann ich's nicht; jubeln und singen aber kann ich's."

Und Rumi singt: „Die Feder eilt im Schreiben, kaum zu halten – diese Unmittelbarkeit und Neuheit in jedem Moment, kommt sie zur Liebe, muss sie gleich halten. Wie ich die Liebe auch erklären will – komm ich zur Liebe, schweig' ich schamvoll still. Erklärung mag erleuchten noch so sehr, doch Liebe ohne Zungen leuchtet mehr."

Wie bereits ausgedrückt, ist eine der wesentlichen Erfahrungen der Liebe die *Erfahrung des Neuwerdens*. In der Erfahrung des Neuwerdens erfährt der Mensch gleichsam seine geistige Wiedergeburt; sie versetzt ihn in den Frühling seiner Kreativität.

Mit dem Erwachen der Liebe, das ja einem initiatischen Akt gleicht, setzt dieser Prozeß des Neuwerdens ein, der auf die unmittelbare Verbindung der Seele mit ihrem Ursprung zielt. Das Neue ist nicht etwa durch eine neue Zeit im Sinne der chronologischen Zeit, oder einer neuen Ära charakterisiert, sondern durch die Überwindung der Erfahrung der psychologischen Zeit, die in Vergangenheit, Gegenwart und Zukunft eingeteilt ist und das Los des Menschen bestimmt. Der im Erwachen der göttlichen Liebe in seinem Herzen Neugeborene ist ein Kind des Augenblicks. Dies haben die spirituell Erwachten aller Epochen immer wieder neu zum Ausdruck gebracht. So sagte Jesus: „Der Wind weht, wo er will und du hörst sein Brausen, weißt aber nicht woher er kommt und wohin er geht. So ist es mit jeden, der aus dem Geist neu geboren ist." (Ebenda)

Omar Khayyam oder Rumi ist es in den Mund gelegt, gesagt zu haben: „Ich kenn einen Mann, der lebt auf einem Feld. Er hat kein Haus, er hat kein Zelt, er ist weder untätig, noch hat er einen Beruf. Auch hat er weder Philosophie noch Religion und ist weder Ketzer noch rechtgläubig. Wer hat solchen Mut."

Mit dem Absterben im Ich und dem Neuwerden im Geiste ist der Mensch aller Vergangenheit und Zukunft enthoben; er lebt im Fluß des Seins. Er kennt weder das Schwelgen in der Vergangenheit noch das Träumen der Zukunft. Er lebt allein in der Unmittelbarkeit der Gegenwart, ist präsent im Fluß des Seins. Dort erfährt er die Fülle Gottes in der Tiefe seiner Seele.

Das Schwelgen in der Vergangenheit oder das Träumen von der Zukunft sind Bindungen und Fesseln des an sich freien Geistes des Menschen, die ihn am Fliegen in die Dimension des zeitlosen Geistes und der Spontaneität der Liebe hindern. Deshalb sprach Shams, der Meister, zu Rumi: „Verbrenne die Knoten der Vergangenheit und der Zukunft, die wie Schleier zwischen dir und Gott stehen." (M I 2205). Zeitbewußtsein ist der Schleier zwischen der Seele und ihrem Geliebten. Aller Schein und alle Heuchelei entsteht durch die „Uhr"; wenn es dir gelingt auch nur einen Augenblick aus der Zeit heraus zu treten, bleibt kein „Wann" zurück, das dich vom wahren Leben trennen kann und du wirst zum Vertrauten des zeitlosen Geliebten, Gott.

Die Zeit (Uhr) aber ist das diskursive Denken. Hört es auf, so endet auch die Zeit. Wo das Denken schweigt, herrscht zeitlose Ewigkeit. Das aber ist der Stillstand des Geistes in der Fülle des unveränderlichen Seins. (Siehe: Ashraf Sheikhalaslamzadeh: Philosophie der Liebe bei Jalal ad-Din Rumi)

Wenn auch die äußere Welt scheint, beständig in Fluß zu sein, so ist das nur Anschein, vermittels des Anhaftens der Sinne und des Verstandes an der flachen Oberfläche der Erscheinung. Die Erscheinungen sind von Natur aus ein wesenloses Nichts, denn in Wahrheit ist das, was unser Verstand als Welt sieht und bezeichnet nichts anderes als der reine Geist, auf dessen Oberfläche die Wogen unserer Gedanken die Welt als Spiegelung ihrer selbst hervorbringen. In Wahrheit ist die Welt die Außenseite des wahrnehmenden Geistes selbst und damit mit ihm eins und dasselbe. Real ist nur die zeitlose Gegenwart des Geistes.

Nur derjenige kommt der Einigung näher, der sich seinem Geliebten in allem verähnlicht: Wie der Geliebte unendlich und zugleich zeitlos ist, so möchte auch der Liebende sein. Und die Liebe ist es, die ihn aus Raum und Zeit heraushebt. Durch die Überwindung der Zeit im eigenen Bewußtsein und den Aufstieg in die Dimension der Liebe ist es möglich, alle Ichbezogenheit und Selbstsucht zu übersteigen. Dem Erlebnis der Liebe geht die Überwindung der Dualität voraus. In der Transzendenz der Gegensätze erst werden alle Begrenzungen überstiegen und nur der hinsichtlich aller Begrenzungen freie Geist ist ein vollkommen Liebender.

Nur der wahrhaft Liebende ist jeder Negativität enthoben. Er kennt weder Haß noch Lüge. Alles, was nicht Liebe und göttlich ist, hört auf zu sein. Alle Emotionalität und Ichbezogenheit löst sich in der Liebe auf. Wie ein Feuer, das das Feuchte und das Trockene, das Gute und das Böse, das Schöne und das Häßliche gleichermaßen verbrennt, so vernichtet die Flamme der Liebe alles, was Nicht-Liebe ist.

Aus philosophischer Sicht sind bezüglich des Begriffs der Zeitlichkeit drei Ebenen zu unterscheiden. Es sind dies: die absolute Ewigkeit, die Zeitlosigkeit und die Zeit. Jede dieser Ebenen ist durch eine eigene rationale Struktur gekennzeichnet: die Ewigkeit durch die Beziehung des

Beständigen zum Beständigen; die Zeitlosigkeit durch die Beziehung des Beständigen zum Veränderlichen; die Zeit schließlich durch die Relationen, die zwischen den veränderlichen, dem Werden und Vergehen unterworfenen Dingen bestehen.

Das aber bedeutet, dass auch die Entstehung der Welt nicht auf einen einzigen (ewigen oder zeitlichen) Vorgang reduziert werden kann. Sie geschah vielmehr in zwei Schritten, in denen die komplexe, dreigliedrige Struktur der Zeit-Ebenen etabliert wurde. Erst brachte Gott, der der Sphäre der Ewigkeit angehört, in einem ersten Schritt oder Schöpfungsakt die Archetypen (im Sinne der platonischen Ideen, die der absolute Geist aus der Hinschau auf das Eine in sich bildet) hervor, die der Sphäre der Zeitlosigkeit zugehören); Dann schuf Gott in Anschauung der Archetypen (oder platonischen Ideen) gleichsam als Projektion in Raum und Zeit, die sichtbare Welt, den Bereich des Werdens und Vergehens.

Was wir hier in Bezug auf den kosmischen Weltprozeß gesagt haben, läßt sich grundsätzlich auch auf den individuellen Erkenntnisprozeß und den Akt der Innovation und der Bewußtwerdung der Menschen übertragen. Auch er findet in zwei Schritten statt und überbrückt die Kluft zwischen Ewigkeit, Zeitlosigkeit und Zeit. Deshalb nennen wir die Liebe auch das Band zwischen Ewigkeit und Zeit, denn der Liebende hat Anteil an beiden.

Die initiatische Erfahrung der Auflösung der Gegensätze in der Einheit der Liebe ist jedoch noch niemanden einfach so in den Schoß gefallen. Dies ist vielmehr das Ergebnis völliger und bedingungsloser Hingabe – also der Selbstlosigkeit – im Spiel der Liebe.

Solange der Mensch an irgendwelchen Äußerlichkeiten hängt, oder in Ängsten gefangen ist, kann er nicht zur zweiten Geburt und damit zur Alltranszendenz in der Liebe gelangen. Deshalb heißt es auch: in der Liebe gibt es keine Angst. Der Liebende ist frei von allen Beschränkungen und emotionellen Anwandlungen.

Die Meister der Liebe haben den Jüngern der Liebe seit eh und je die Furchtlosigkeit der Liebe vermittelt, die frei von der Furcht und den Vorstellungen eines Zorngerichtes Gottes und Höllenstrafen ist. Wer in Furcht gefangen ist, kann niemals zur wahren Ekstasis und Liebe gelangen. Deshalb haben die wahren Propheten und Philosophen, die Gott von Angesicht zu Angesicht geschaut haben, ihren Schülern stets alle Furcht genommen und sie dazu ermuntert, den Mut zu entwickeln, ein freier Mensch für die Gegenwart Gottes zu sein. Gott ist Licht und Liebe und nichts als das. Alles andere sind Erfindungen unwissender gebundener Menschen.

Mut und Risikobereitschaft sind die Voraussetzung für die wahre Liebe. Dies kann nur dann geschehen, wenn der Suchende alle Bedingungen Gottes und der Meister restlos und ohne Erwartung auf eine Gegenleistung annimmt. Liebe ist frei von jeglicher Angst und Erwartung. Sie verfolgt weder einen Zweck noch irgendeinen Nutzen. Deshalb ist die Freiheit des Geistes eine notwendige Bedingung für den Jünger auf den Pfaden der Liebe.

Was nützt all das Tun und Streben, wenn der Mensch immer noch Sklave seines „Ich" ist und sein Herz darin gefangen bleibt. All die äußeren Opfer, derer er sich rühmt, sind nur Schall und Rauch und Seitentriebe seiner Selbsttäuschung; die wahre Liebe ist, dieses Ich so los werden, daß alles Tun und Vollbringen von ihm nicht mehr als die seinen wahrgenommen werden. Die wahre Wurzel und Vollendung der Liebe ist, sein Ich im Ich des Geliebten zu verlieren.

Diese Freiheit von jeglicher Bindung an das Ich wird in der Sprache der Mystik oft mit den Begriffen der „Armut" (wie etwa bei Franz von Assisi) oder „Entwerden" wie bei Plotin oder Rumi ausgedrückt. In einem Dialog mit seinem geliebten Meister, Shams, wird Rumi daher aufgefordert, alle Schlingen und Knoten auf dem Weg der Liebe aufzugeben. Rumi hat alle Bedingungen akzeptiert. Deshalb konnte er auch sein tief ersehntes Ziel, Gott, finden und in ihm auf- und untergehen.

Aus all dem bisher Gesagten gelangen wir nun ins Herz eines spirituellen Verständnisses der Liebe: Der göttliche Ursprung der Liebe liegt bei näherer Betrachtung in der bedingungslosen Gnade Gottes gegenüber seiner Schöpfung und seinen Geschöpfen; denn die Schöpfung ist selbst ein Akt der freien Liebe Gottes: „Nicht schuf Ich, daß Ich Nutzen hätte – Nein, daß Ich den Menschen Gutes täte." (M II 1720)

Wie Jesus oder Plato, so haben die Mystiker – wie Omar Khayyam oder Rumi Gott, als den Quell und das Ziel der Liebe, gerne mit dem Wesen und der Natur der Sonne verglichen. Wie die Sonne, so strahlt auch das Antlitz Gottes gleichermaßen über Gerechte wie auch Verbrecher. Auch Rumi gebraucht immer wieder das metaphorische Bild der „Sonne", die ohne Unterscheidung zwischen Weiß und Schwarz, Gut und Böse, Muslim und Christ und ohne die geringste Erwartung auf eine Gegenleistung, allen Licht und Wärme spendet.

Obwohl die Beziehung zwischen dem menschlichen Geben und der göttlichen Gnade mit dem Verhältnis zwischen einem Glas Wasser und dem unendlichen Ozean oder zwischen dem Kerzenlicht und dem Sonnenlicht verglichen werden kann, sind Lieben und Geben dennoch wesenhaft identisch. Denn das Wasser ist, auch wenn es in verschiedenen Behältern ist, immer dasselbe Wasser, und das Licht der Kerze ist dasselbe Licht wie das der Sonne.

So ist auch die menschliche Liebe ihrem Wesen nach der göttlichen Liebe identisch. Denn die Liebe ist wesentlich göttlichen Ursprungs und von Ewigkeit her allgegenwärtig. Die irdische Liebe bildet eine Vorstufe der himmlischen Liebe.

Ein Grundprinzip der kosmischen oder göttlichen Liebe ist die Gegenseitigkeit der Liebe. Da überhaupt alles seinem ursprünglichen Wesen nach Liebe ist und die Liebe auch die Kraft, die alles zusammenhält, ist sie auch jenes Prinzip, das alles mit allem verbindet und jedes jedem zuneigt. Und es ist eine ewige Wahrheit und immer wiederkehrende Erfahrung, daß die Liebe Gottes zu den Menschen der Liebe des Menschen zu Gott vorausgeht: „Er liebt uns und wir lieben ihn".

Der Anfang der Liebe liegt schon im Ursprung der Schöpfung. Denn alles ist aus Liebe geschaffen, und als Abbild des Schöpfers, der reinste Liebe ist, selbst substantiell Liebe, und darüber hinaus allezeit in Liebe gebettet und getragen.

Ein Gleichnis für Gottes Gegenwart und Liebe ist die bereits erwähnte göttliche Sonne, die den Menschen und der ganzen Schöpfung Licht und

Leben spendet. Liebe ist der Ursprung der *creatio ex nihilo*. *Nihil* bedeutet hier im mystischen Sinn nicht nur urstoffliches „Nichts", sondern Nichts im Sinne von Nicht-Zweckmäßigkeit und Nicht-Erwartung einer Gegenleistung.

Wenn die Liebe ihren Ursprung im absoluten Gnadenakt Gottes hat, dann besteht die Liebe des Menschen in dem Akt der Selbstaufgabe, in der Aufgabe des Ich:

„Es klopfte einer an des Freundes Tor.
›Wer bist du‹, sprach der Freund, ›wer steht
   davor?‹
Er sagte: ›Ich!‹, sprach der: ›So heb dich fort –
An diesem Tisch ist nicht der Rohen Ort!‹
Den Rohen kocht das Feuer ›Trennungsleid‹ –
Das ist's, was ihn von Heuchelei befreit!
Der Arme ging auf Reisen für ein Jahr,
In Trennungsfunken brannt' er ganz und gar.
Reif kam dann der Verbrannte von der Reise,
daß wieder er des Freundes Haus umkreise.
Er klopft' ans Tor mit hunderterlei Acht,
daß ihm entschlüpf' kein Wörtlein unbedacht.
Es rief der Freund: ›Wer steht dort vor dem
   Tor?‹
Er sagte: ›Du, Geliebter, stehst davor!‹
›Nun, da du ich bist, komm, o Ich, herein
– Zwei Ich schließt dieses enge Haus nicht
   ein!‹" (Rumi (M I 3056))

Kunst und Kreativität bilden wohl das beste Gleichnis für Gottes Akt der Gnade und der Freiheit. Kunst kann nicht durch Spekulation oder Berechnung, noch durch sonst eine besondere Absicht entstehen. Kunst entspringt aus dem Freigeben des Verborgenen in die Sphäre der Erscheinung. Die Hervorbringung des Neuen, sei es in der Kunst, der Dichtung, der Musik oder dem Tanz, sei es in der Philosophie oder der Wissenschaft und überhaupt jeder Form von kreativer Gestaltung oder ursprünglicher Erkenntnis ist nur möglich, wenn der Hervorbringende frei von allen selbstgefälligen und spekulativen Hintergedanken und Zielsetzungen ist. Jede aus dem Ich herausgestellte Absicht trennt den Schaffenden vom Quell und Ursprung allen Seins.

Was im spirituellen Kontext und insbesondere in der Mystik als "Freiheit" bezeichnet wird, ist das Freisein von jeglicher „weltlicher" und ichhafter Bindung. Der Weg dahin ist das „Entwerden" und bedeutet so viel wie das Loslassen von allem „Ich" als Inbegriff dessen, was man hat und ist, um frei zu werden für das Sein und Leben in Gott. Es ist dieser Prozeß, der den Liebenden im Akt der reifenden Liebe Schritt für Schritt von seiner Ichbezogenheit entleert.

Erst auf diesem Weg der „liebenden Entleerung" offenbaren die Dinge ihre wahren Bedeutungen. Die Blume wird zur Blume in ihrem So-

sein, der Himmel wird zum Himmel an sich –
durch die Liebe. Die Dinge der Welt sind nur
dann erkannt, wenn ihr Wesen durch liebende
Wahrnehmung erschlossen wird, ansonsten bleiben sie dem Menschen nur bekannt in ihrem äu-
ßerlichen Verhältnis zu ihm und über ihr Verhältnis des Nützlichseins für den Menschen.
Darüber hinaus haben die Dinge ihrem Sosein
nach keine Bedeutung für den Menschen. Das ist
was Meister Eckhart meinte, wenn er sagte: „Der
Mensch möge durch die Oberfläche der Dinge
hindurchschauen und sie in ihrem Wesen nehmen, als das was sie sind in Gott."

„Welt" und „weltlich" haben in der spirituellen Tradition unterschiedliche Interpretationen
erfahren. Rumi fragt: „Was ist die Welt?" und er
antwortet selbst: „Gott Vergessen; nicht Weib,
Gold und Seide" (wie etwa Sri Ramakrishna das
ausrief). In freier Übersetzung könnte man das so
verstehen, daß der Begriff „Welt", der bei den
Asketen und streng Gläubigen als die Summe der
verführerischen und materiellen Gegenstände
gedeutet wurde, von den Sufis ganz anders inter-
pretiert wird. Die Welt ist nicht die Summe der
profanen Dinge, sondern der Mensch macht die
Welt zur profanen Welt und entheiligt sie durch
seine Nachlässigkeit Gott gegenüber. Nicht die
Welt ist der Gegensatz zu Gott, sondern der
Mensch macht sie zum Gegenteil Gottes, indem

154

er die Welt an Stelle Gottes anbetet. Alles ist göttlich und sakral, wenn der Mensch sich sakral verhält.

Dieses Verhalten (Geisteshaltung) setzt die richtige Funktion des menschlichen Unterscheidungsvermögens voraus. Rumi lehnte eine weltverachtende Askese ab; das Sein und die Schöpfung werden von ihm als ein Wunder Gottes verstanden.

Das Wesentliche ist es, sich von aller Beschränkung des Denkens zu befreien und sich auch der Nachahmung der religiösen und intellektuellen Autoritäten zu entledigen und damit seine wahre, eigene, ursprüngliche Identität und schöpferische Erkenntnis- und Schaffenskraft zu erkennen. Denn „wer sich selbst kennt, der kennt auch seinen Herrn".

Der notwendige Zusammenhang zwischen der Freiheit des Bewußtseins und der Erkenntnis der Wahrheit ist eine Frucht der Liebe. So wird der Liebende frei für die Wahl des Göttlichen, um endlich seine göttliche Bestimmung leben zu können.

Aus rein spiritueller Sicht sind Liebe und Erkenntnis eins. Auf dem Weg der Verwirklichung ergänzen sie einander. Je tiefer wir etwas erkennen, umso stärker wird unsere Liebe dahin gehen und je stärker wir etwas lieben, umso deutlicher und tiefer gibt das Objekt unserer Liebe sein Wesen zu erkennen.

In der Sprache der Mystik ist der ganze Kosmos das Reich der Liebe. Im Vergleich mit der Liebe bilden Vernunft und Gesetz nur sekundäre Phänomene. Es ist die Liebe, die schöpferisch ist, um sich zu verwirklichen und vervollkommnen. Die Vernunft folgt ihrem Schritt, um den zurückgelegten Weg zu prüfen, Gesetzlichkeiten und Analogien festzustellen und schließlich die Einheit in der Vielfalt der Erscheinungen begreifen zu können. Wie es auch heißt: „Das Heilige Herz ist der Quell aller Erkenntnis, der Verstand ist nur ihr Chronist."

In diesem Sinne ist in der Mystik die Liebe das Ur-Wort, das zuerst gesprochen wird, bevor seine Grammatik geschrieben wird. Eine Blume blüht, bevor der Naturwissenschaftler ihre Form, Farbe und Duft beschreibt. Das rationale, erklärende Denken im Menschen kommt immer *nach dem* schöpferischen Akt der Liebe. Die rationale Reflexion ist für und aus sich nicht schöpferisch. Wie Hegel ist auch Rumi der Auffassung, daß Philosophie, die aus dem Kopf geboren ist, immer zu spät kommt und das Leben versäumt. Wo sie sich zu Wort meldet, ist der lebendige und frische Augenblick der Schöpfung schon zum historischen Begriff geworden.

Im Gegensatz zum menschlichen Verstand sprechen die wahren Philosophen und Mystiker (wie etwa Plato oder Meister Eckhart) von der „göttlichen Vernunft". Diese Vernunft ist göttlichen Ursprungs wie die Liebe und manifestiert sich als reine Erkenntnis oder göttliches Licht. Gott erschafft aus Liebe und weiß um seinen Schöpfungsakt. Bei Gott sind daher Erkenntnis (Wissen) und Liebe ein und dasselbe. In analoger Weise werden auch das menschliche Erkennen und Lieben verstanden, die allerdings einen langen Weg vor sich haben, bis sie der göttlichen Liebe und Erkenntnis in der Angleichung oder Verähnlichung des individuellen Geistes an den „Nous" gleichkommen.

In ihrem ursprünglichen und authentischen Sinne ist Philosophie ein Erkenntnisweg des Herzens und die auf ihrem Weg geschöpften Erkenntnisse sind Ausfluß der Erfahrung in der Liebe zu Gott, Selbst und Leben. In jedem Falle befinden sich Liebe und Erkenntnis in einer tiefen und inneren Beziehung gegenseitiger Förderung. Und immer wieder möchten wir die Freude der Erfahrung der Erlebniseinheit von Liebe und Erkenntnis kosten, um so den Sinn und die Erfüllung unseres Lebens zu schöpfen und zur Vollendung unseres Seins in Gott zu gelangen. In den Worten Rumis „Sehnt doch nach dem In-Einheit-

Lebens-Glück, wer fern vom Ursprung, immer sich zurück!" (MI4)

Äußere und innere Liebe

Das Edelste und Beglückendste, wovon man sprechen kann, ist die Liebe, und nichts Bedeutenderes gibt es in unserem Leben. Unser Herz und unsere Seele verlangt weder nach großen Einsichten, noch Besitztümern, noch Anerkennung in der Welt oder großen Übungen – wenn auch gute Übungen nicht ohne Wert sind, allen Übungen aber erst die Liebe ihren Wert gibt – Herz und Seele verlangen vielmehr allein nach der Erfahrung und Verwirklichung der Liebe, denn das ist unsere wahre Natur.

Wissen und allerlei Geschicklichkeiten haben viele, große Werke und allerlei Können findet man bei Gerechten wie bei Ungerechten; die Liebe aber macht den Unterschied und gibt unserem Leben und Wirken erst seinen Sinn. Deshalb heißt es: „ ... die in der Liebe wohnen, die wohnen in Gott und Gott in ihnen."

Darum gibt es auch keine höhere Übung oder spirituelle Kunst als alles, was wir angehen und tun, aus der Innigkeit und Liebe unseres Herzens zu vollbringen. Die Liebe ist es, die unser Leben und Wirken verklärt, aber auch selbst erst zu dem macht, was wir von unserem Ursprung her sind.

Die Erweckung und Entfaltung der uns eingeborenen Liebe geschieht üblicherweise in Etappen und Stufen und führt den Menschen bzw. seine Seele zur Verwirklichung ihrer wahren Natur, die selbst Liebe ist. So sind wir berufen und dazu bestimmt, Gott, der unser Selbst und Ursprung ist, so tief zu lieben, wie Er uns seit je liebt.

Die Liebe, die wir aus dem Quell in unserem Herzen schöpfen, wendet sich nicht, noch nimmt sie ab, sondern sie bleibt auf Gott als ihren Ursprung und ihr Ziel gerichtet und wächst immerfort; denn Liebe gewinnt man mit Liebe, und je mehr man liebt, desto umfassender vermag man zu lieben.

Die Liebe hat nun zweierlei Weisen: eine äußere und eine innere. die äußere Liebe ist auf den Nächsten gerichtet, die innere aber auf das Selbst und auf Gott. Dazu, daß diese Liebe wachse, bedarf es einzig und allein der Verankerung im Herzen und der Ausrichtung auf ihr Ziel.

Auch bedarf es der Erfahrung; je tiefer wir uns selbst gefunden und Gott gekostet haben, umso stärker wird unsere Liebe leuchten. Und je mehr wir ihn gekostet und erfahren haben, um so mehr wird unser Herz von Liebe zu Gott überströmen.

Die wahre göttliche Liebe, die wir *innerlich* suchen, erweist und zeigt sich an der Liebe, die wir unseren Nächsten gegenüber im Herzen tragen. Denn wir können unseren Nächsten nicht wahrhaft und bedingungslos lieben, wenn wir nicht in der Liebe zu uns selbst und zu Gott bedingungslos sind.

Hierauf deutet das Wort: „Liebe Gott (das umfassende Selbst) über alles – und deinen Nächsten wie dich selbst!" Freue dich mit ihm und fühle mit ihm, aber vermeide jede Anhänglichkeit, jede Sentimentalität und emotionelle Verstrickung.

Kannst Du dies nicht äußerlich erweisen, weil es dir an der Gelegenheit fehlt, vermagst du die Liebe zu ihm doch – wie zu jedem anderen auch – innerlich haben und fühlen und immer bereiten Willens sein, bei Bedarf, dich Ihm zuzuwenden.

Auch möchte deine Liebe, wenn sie wahr ist, sichtbar werden an den unvollkommenen Menschen: ihre Schwächen mögest du in Liebe und Geduld ertragen, sie nicht verurteilen noch schelten, sondern sie im Geiste der Liebe Gottes anheimgeben. Wenn du anders fühlst und handelst, so erkenne daran, wie sehr es dir noch an der inneren Liebe (zu dir selbst und zu Gott) ermangelt.

Eben daran, wie weit deine äußere Liebe reicht, kannst und sollst du deine innere Liebe prüfen, die auf dich selbst und einwärts auf Gott als ihren Ursprung gerichtet ist.

Dazu bedarf es der Einsicht und Erkenntnis, daß beide Weisen der Liebe in gleicher Ordnung stehen. Das meint Paulus in dem Wort, daß unsere Liebe „mehr und mehr reich werde an Erkenntnis und Erfahrung"; denn aus der einen Liebe erblüht die andere.

Und wie die äußere Liebe sich darin offenbart, daß sie die anderen Menschen nicht der Liebe unwürdig findet, sie ihnen vielmehr uneingeschränkt und ausnahmslos zuströmt, so möchte die innere Liebe von Grund aus allezeit auf Gott (und die geistige Welt) gerichtet sein und der Mensch sich auch selbst nicht solcher Liebe unwürdig oder unfähig halten, sondern in wahrhaftiger Annahme seiner selbst samt seiner Mängel und Schwächen in liebender Hingabe in Gott entsinken, den eigenen Willen lassen und sich gänzlich Gottes Willen überlassen.

Die wahre innere Liebe läßt den Menschen in solcher Hingabe sich selber entwerden, daß Gottes Licht und Liebe in ihm und an ihm wirken und sein Wille in und an ihm geschehen kann. „Nicht wie ich will, sondern *wie Du willst!"*

Wer so liebt, der wird schließlich selbst ganz in der Liebe Gottes aufgehen, daß er in solcher Hinwendung und Hingabe völlig in Gottes Willen eingeht; und alle Fehler und Schwächen, die ihm anhaften, können das nicht verhindern. Aber das kann ihm nur Gott geben, und es kann ihm nur dann geschehen, wenn er in der Liebe zum Geliebten ganz versinkt.

Wer so liebt, der wird jenem Gottesfreunde gleich, der da bekannte: „Ich kann nicht anders, ich muß alles, was mich von ober her und aus mir selbst erfüllt, verschenken und darin meiner Freude am Wohlergehen meines Nächsten Ausdruck geben."

Der innerlich Liebende will nichts für sich. Er will weder reich noch arm sein, sondern läßt sich selbst und alles, was nicht Gott ist und läßt Gott wirken. Dann kann und wird „Der, Der das gute Werk in ihm begonnen hat, es auch vollenden." Die Liebe wächst, bis sie überfließt ob der Seligkeit der Selbsthingabe.

Alsdann erreicht die innere Liebe ihre höchste Erfüllung in der lange ersehnten Einung – der unio mystica – mit dem Geliebten.

Aber zuvor durchschreitet sie das Tal der unerbittlichen Selbsterkenntnis, der Läuterung und Transformation. Da wird der Seele oft bang und weh ob der Schmerzen und der immer wiederkehrenden inneren Trockenheit. Doch, wo sie ihrer Liebe die Treue hält, führt sie den Menschen durch die Loslösung von allem Anhaften und Festhalten zum völligen Entwerden ihrer selbst. Denn hier ist es Gott selbst, der Sich Selber liebt und ist Sich Selbst der Gegenstand Seiner Liebe.

Hier wird die Liebe ganz in Gott verklärt und vollendet. Hier gelangt der Geist des Menschen zur Ruhe in Gottes Geist, in der Stille des göttlichen Wesens. Da strahlt das göttliche Licht durch das lautere Gefäß der in Gott entwordenen Kreatur.

Da ist alle Vielheit und Zweiheit zu eins geworden, und da wird mitten in der Nacht das Licht geboren, wovon ein Meister schrieb: *„Das Licht Christi leuchtet in unserem Seelengrund strahlender, als die Sonne am Himmel leuchten kann."*

Das ist, was die Gottesfreunde uns lehren wollen und worum Paulus bittet: daß unsere Liebe immer reicher werde an Erkenntnis und Erfahrung und zu wahrer *Gottesliebe* werde.

Der Mensch muß lernen, in seiner Ausrichtung und Andacht von den äußeren bildlichen Weisen zur inneren bildlosen Weise weiterzuschreiten, also nicht an den göttlichen Meistern und Wesenheiten hangen zu bleiben, sondern zur Erkenntnis und Einung mit dem reinen absoluten Geist als dem einen universellen Selbst voranzuschreiten – in den Grund, wo die ewige Wahrheit unmittelbar leuchtet.

Um das zu erreichen, gilt es, das Gemüt und alle seine Kräfte von den personalen Bildern und Formen abzuziehen und den gestaltlosen Kräften und ewigen Ideen zuzuwenden.

Wo der Heilige Geist hervorblüht und dich in seiner unaussprechlichen Liebe überschüttet, dort versenke dich in die Stille des Seins und trage „dein Nichtsein, die Mannigfaltigkeit deiner Ichheit und Nichtheit, in diese verborgene lautere Einheit, erkenne den Unterschied zwischen deinem äußeren Menschen und dem ewigen inneren Wesen, das kein Vorher und Nachher hat, sondern nur ewige Gegenwart und ewiges Selbst-Sein und Einssein mit Gott." (Johannes Tauler)

Dieser ewigen Gegenwart halte die Flüchtigkeit der Zeit und die Vergänglichkeit deines Ichs und des äußeren Lebens entgegen. Dann zieht die Gottesliebe dich immer höher in die Abgeschiedenheit und Entwordenheit und führt dich über alle Bilder hinaus und von allen deinem Wesen fremden äußeren Dingen weg, daß sie dir im gleichen Maße entfallen, wie deine Liebe sich gänzlich dem überwesentlichen Gott zuwendet.

Je tiefer so der Mensch in sein Nichts entsinkt, in liebender Hingabe seiner Ichheit entwird, desto heller strahlt die Liebe und das Licht Gottes in ihm auf – nicht in Bildern oder bloß als Erleuchtung in die Kräfte der Seele, sondern ohne Bild und unmittelbar in ihrem Grund.

Der in wahrer Gottesliebe Entflammte weiß um die Nichtigkeit des Ich, er fühlt sich als ein ewig Fortschreitender und hat nur nach einem

Verlangen: Gott über alles zu lieben und sich ihm gänzlich hinzugeben. Er verfällt weder in falsches Tun noch in geheuchelte Freiheit und flattert nicht hierhin und dorthin, sondern will und liebt mit seinem ganzen Wesen nichts als Gott.

In solcher Liebe ist Gott gegenwärtig. Darum strahlt sie so mächtig in dem Grunde der Seele, daß der Geist das Licht nicht zu ertragen vermag, seinen letzten Halt aufgibt und ganz in den Gottesgrund entsinkt, sich selber, allem Erkennen und allem Werk entwird, so daß Gott in ihm wirken, in ihm erkennen und lieben muß, da sonst nichts mehr ist als Gott.

Was bleibt dann im Menschen? Nichts als ein völliges Entwordensein seiner Ichheit, ein völliges Lassen aller Eigenheit in Wille und Gemüt, Wesen und Leben. In dieser Verlorenheit entsinkt der Mensch ganz und gar in den Gottesgrund, und es dünkt ihn, als würde er nun erst beginnen *wirklich zu leben* – nicht mehr von unten, sondern von oben, nicht mehr aus den Sinnen, sondern *aus dem Geiste*, nicht mehr aus sich, sondern aus Gott.

So hoch zieht Gott den in ihm entwordenen Geist empor, daß seine Liebe ihn durch und durch wesentlich und gottähnlich macht; da ist er mit allen Dingen in Frieden, wie sie auch kommen, wirkt nichts aus sich, sondern steht in stiller

Ruhe und Gelassenheit in sich selbst, immer bereit, zu gehen, zu tun oder zu lassen, wie Gott ihn auch führen und was er durch ihn wirken will. Und wenn ihn Anfechtung und Leid treffen, dienen sie nur dazu, ihn noch lichter und vollkommener zu machen.

Wenn der Mensch dies alles durchschritten und durchlitten hat, steht er in aller Lauterkeit und Einfalt in Gott, und alles, was er um und in sich hat, ist heilig, und was er spricht und wirkt, das spricht und wirkt Gott durch ihn.

Die Frucht der Liebe

Während das Entwerden in der Abendländischen Tradition (im Sufismus, wie in der christlich-mystischen Tradition) in der Transzendenz, i.b. im absoluten Geist (Gottes) mündet, führt es im Taoismus und Zen-Buddhismus nicht in ein transzendentales Nichts, sondern in ein immanentes Nichts, in die Leere, bzw. das entleerte (entmystifizierte) Sein, in die Banalität des Alltags.

Das Satori, oder die Zen-Buddhistische Erleuchtung ist ein Erwachen zum Alltäglichen. (Siehe: Byung-Chul Han: Philosophie des Zen-Buddhismus)

Hier wird auch die Liebe völlig entemotionalisiert; Sie ist dann „nur" noch reines Zustimmen und Einverstandensein jenseits allen Begehrens oder Wollens, die nüchterne Annahme der Banalität des Alltags und der im Herzen wahrgenommenen Notwendigkeit sachlichen menschlichen Handelns. Liebe ist hier nüchterne An- und Hinnahme und beherztes Geben.

Die Leere (Sunyata) der Buddhisten ist die wohlwollende Annahme der Banalität des Alltags. Die Oberfläche der Dinge heißen sie jene als das zu sehen, als das sie sich zeigen, sie als das zu nehmen, als das sie erscheinen. Um das zu können, müssen wir sie entmystifizieren, sie enthypostasieren, sie der Bedeutungslosigkeit preisgeben.

Um dahin zu gelangen, braucht es keine neue Wissenschaft von der Welt und den Dingen, sondern eine Verwandlung in uns, tiefgründige Arbeit an uns selbst, ein Reifen zu uns selbst.

Denn die Welt, wie wir sie sehen, ist eine Projektion unseres Unbewußten; wir geben den Dingen und der Welt Bedeutungen, Interpretationen und Sinnbezüge, die ihnen in keinster Weise – weder empirisch noch transzendental – selbst zukommen. Weil wir nicht in der Lage sind, uns selbst mit all dem, was wir brauchen und ersehnen, zu erfüllen, sondern dies im Außen suchen, legen wir den Dingen allerlei Bedeutungen bei, die unserem unbewußten Ich die Welt gefügig machen, d. h. sie uns auf jene Art vorstellen, wie es sie sich erträumt und wünscht. Wir projizieren all das in sie, was wir von ihr erwarten und wollen. Daß die Welt uns all das geben kann – und das gilt sowohl für die leblosen Dinge wie auch für Menschen und sonstige lebende Wesen – was wir uns wünschen, was wir brauchen und erwarten, legen wir ihnen Qualitäten und Bedeutungen bei, die sie für unsere Ansprüche erst tauglich machen. Heißt es ja schon im alten Testament: „ ... macht sie euch untertan!" Wir legen den Dingen und den Menschen – insbesondere jenen des anderen Geschlechts –

Eigenschaften und Fähigkeiten bei, die sie zu für die Erfüllung unserer Vorstellungen, Erwartungen und Bedürfnissen geeigneten Objekten machen. Wir hypostasieren sie zu etwas anderem als sie sind und verlangen schließlich von ihnen, das zu sein und zu vollbringen, wozu wir sie bestimmt und auserwählt haben! Das ist ein archaisches Erbe aus unserem Unbewußten, ein Überbleibsel magischen Denkens.

Das gilt auch für die Spiritualität – auch da kreieren wir Vorstellungen und Begriffe, die uns das gewährleisten, was wir erhoffen und ersehnen.

All das aber ist Mißbrauch. Wir nehmen die Dinge und Wesen (insbesondere unsere Partner) nicht wie und als das, was sie sind, sondern als das, was sie zu sein haben, daß sie unsere Ansprüche und Erwartungen zu erfüllen vermögen.

Wir mißbrauchen die Welt für unsere Zwecke. Das tun auch die institutionalisierten Religionen und religiösen Lehren. Sie legen Dingen und Wesen ideelle Bedeutungen bei, deren Erfüllung sie in die Transzendenz verlegen oder einem gerechten und gütigen Gott auferlegen, den sie damit in die Pflicht nehmen. Das aber ist eine Hypostasierung und Mystifizierung der banalen Realität.

Das alles ist den fernöstlichen Traditionen – wie Taoismus und Zen-Buddhismus von Grund auf fremd. Sie suchen nicht nach einem ins Jenseits verlegten Sinn oder Himmel u.dgl., sondern gründen ihren Glauben auf das Vertrauen in die banale immanente Realität, in die tausend alltäglichen Dinge und Verrichtungen. Ihnen sind Heil und Erlösung dieser Welt immanent und gründen in einer ganz elementaren Wertschätzung des Lebensalltages. (Ebenda)

Um diese Realität in jener wertgeschätzen Banalität erfahren zu können, bedarf es zuvor der Befreiung der Welt und der Dinge – bzw. unserer Begrifflichkeit – von all den Mystifizierungen und Hypostasierung, sprich ihrer Entleerung, Entmythologisierung und Entemotionalisierung. Das ist das erste und unabdingbarste Anliegen der Taoistischen und Zen-Buddhistischen Meister.

Sie räumen all die ihnen auferlegten Bedeutungen und Rollen, die wir ihnen zugedacht haben, ab. Die Dinge, sind, was sie sind. Eine Rose ist eine Rose ist eine Rose ... Die Dinge sind, was sie sind und als was sie erscheinen; Sie weisen nicht auf etwas hinter, vor oder über ihnen Liegendes hin; die Welt ist Gottes und des Menschen entleert, sie erhält nicht Bedeutung auf Gott oder den Menschen hin. Sie verweist auf gar nichts!

Dies führt zur Annahme und zum gelassenen Umgang mit der äußeren Realität der Welt und der Dinge, welche jedoch einen radikalen Bewußtseinswandel im wahrnehmenden Subjekt, also in uns Menschen, voraussetzen. Wir sind es ja, die der Welt und den Dingen diese Bedeutungsfülle aufbürden, und sie damit ihrer einfachen Banalität berauben und sie ihrer nackten Würde entweihen.

Die erleuchtete Sicht sieht jedes Seiende in seiner uniken Einzigartigkeit. Sie läßt das Seiende so sein, wie es je ist.

Die Leere des Taoismus und Zen-Buddhismus ist keine Negation des Seienden, auch keine Privation, auch keine Form des Nihilismus oder Skeptizismus, sondern eine radikale Bejahung des Seins. Dementsprechend bedeutet Erleuchtung im Taoismus nicht Ekstase oder Verzückung, sondern das Erwachen zum Alltäglichen, zum Gewöhnlichen. Der alltägliche Geist ist der Weg. Es gilt das Herz freizuräumen von aller Hypostasierung – auch vom Heiligen. Es ist absichtslos. Absichtslos gehen ist der Weg. In dieser Absichtslosigkeit, in dieser Zeit ohne Sorge glückt der Tag. Die absichtslose Zeit ist eine Zeit ohne Augenblick. (Byung-Chul Han: Ebenda)

Die Umwandlung gilt vor allem dem Betrachter und seinem Sehen: Der Blickende bedarf der Entleerung! Sein Schauen will sein wie vor der Trennung zwischen Subjekt und Objekt. Er will zu dem werden, was er sieht. Kein Subjekt will dem Objekt aufgedrängt sein. Jedes Ding möchte so gesehen werden, wie es sich selbst sieht.

Verwirklicht werden möchte ein sein-lassendes, Objekt-werdendes Sehen. Der Betrachtende will bei sich selbst und frei sein von aller Hypostasierung! Sein Schauen ist so beschaffen, daß der Blickende gleichsam zum Erblickten wird – nicht in einem metaphysischen Sinn, sondern in einem banalen Sinn, in dem er in seinem Schauen all die Qualitäten und auch die Form des Erblickten in sich aufnimmt und ganz davon erfüllt ist, weil sonst nichts in ihm ist – keine Unruhe, keine Gedanken, kein Mangel und auch kein Wollen.

Diese sein-lassende, freundliche Wahrnehmung der Welt und der Dinge setzt voraus, daß der Wahrnehmende, das wahrnehmende Subjekt also frei ist von jedem Mangel und jedem Denken überhaupt. Es setzt voraus, daß das Subjekt gelernt hat, all das, was es für sich braucht, sucht oder begehrt, in sich selbst zu finden bzw. bereits in sich gefunden hat. Denn nur so bleibt auch keine unbewußte Neigung in ihm, den Dingen irgendwelche irrealen oder mystifizierenden Bedeutungen beizulegen und sich ihnen anzuhaften bzw. sie für seine bewußten oder unbewußten Mängel und Zwecke zu mißbrauchen. Erst wenn er vollkommen frei von jeder Anhaftung und jedem Wollen ist, kann er die Welt und die Dinge lassen und wahrnehmen, wie sie sind.

Bei Zhuang Zi heißt es: „Nur wer leer ist, sich von allem befreit hat (dan), wer den Dingen ihren Lauf lässt (wuwei), wer in sich ruht (jing), an nichts haftet (qing), steht über dem, was in der Welt noch eine Grenze hat. Wo immer etwas eine Grenze aufbaut, begrenzt es nicht nur anderes, sondern ist durch das andere selber begrenzt. So wie Fülle und Leere: Allein durch die Leere ist die Fülle Fülle und allein durch die Fülle ist die Leere Leere." (Zhuang Zi: Vom Nicht-Wissen)

Es bedarf also der inneren Leere auf der Seite des Subjekts, das Leersein von Vorstellungen und Ansprüchen und das Freisein von Mangel und Projektionen. Die Leere ist eine freundliche In-Differenz, in der der Blickende zugleich der oder das Erblickte ist. Die Leere ist die Offenheit, die eine gegenseitige Durchdringung von Subjekt und Objekt zuläßt. Das eine Seiende spiegelt das Ganze in sich und das Ganze wohnt in dem einzelnen Seienden. Natur und Geist sind in Wahrheit eins.

Um zu begreifen, was Taoismus und Zen-Buddhismus unter Leere verstehen, können wir uns eine weiße Leinwand vorstellen. Sie ist insofern leer, als jedes mögliche Bild bzw. jeder mögliche Film auf sie projiziert werden kann.

Wird nichts auf sie projiziert, so ist sie wirklich leer. In diesem Sinne gilt die Welt bzw. ein jeglich' Ding als leer, wenn sie bzw. es frei von Projektionen (aus unserem Unbewußten) ist. Dann sind Welt und Dinge wie ein Spiegel, der – selbst ohne Inhalt – alles so aufnimmt und zurückgibt, wie es zu ihm kommt. Welt und Dinge spiegeln uns. Wir spiegeln uns in ihnen und sie spiegeln sich in uns.

„Wenn mein Ich leer ist, sind auch alle Dinge leer – gleich welcher Art sie seien. ..." (Zen-Worte vom Wolkentor-Berg)

Wenn wir von der Entleerung der Welt und der Dinge bzw. ihrer Banalität sprechen, heißt das nicht, daß wir damit jede Transzendenz bzw. jegliche transzendentalen Wurzeln der Welt leugnen, sondern nur, daß wir jene nicht als von der Erscheinung getrennt, bzw. umgekehrt diese nicht als von jener getrennt betrachten möchten. Vielmehr sind Idee und Vollkommenheit in den Dingen, ja besser noch die Dinge sind selbst diese Ideen. Die Wurzeln sind in ihnen. Wie es heißt: Der Quell ist im fließenden Wasser; er ist Teil des Flußes.

Obwohl das Tao alltranszendent und der höchste und absolute Ursprung von allem ist, ist es doch in allem und überall gegenwärtig, mehr noch, es ist selbst das All und alles. Unser Herz kann das spüren und weiß.

In den lebenden Wesen und insbesondere in den Menschen können wir dies als Ganzheit von Geist-Seele-Leib wahrnehmen. Denn in der Tat lebt jeder als solche Einheit und ist nicht in seine Teile zu zerlegen. Und auch als Betrachter sehen wir den Menschen in realiter nicht als in Leib, Seele und Geist auseinanderfallen, sondern als ungeteilte Ganzheit vor uns. Sein Wesen mag für das Auge des Intellekts verborgen sein, doch in der Intuition unseres Herzens fühlen wir sein Wesen, erfahren es als Geist-Seele-Leib-Einheit. Mit dem inneren Auge sehen wir ihn als solche.

Das aber, was für unsere Wahrnehmung der und Beziehung zur Welt und den Dingen gilt, gilt auch für die Wahrnehmung von und den Umgang mit uns selbst.

Wir möchten Abschied nehmen von unserem ungeduldigen Warten auf ein letztes Neuwerden, auf eine weitere Initiation oder die Vollendung in Gott – wir wollen erkennen und annehmen, daß wir sind, was wir sind und daß das alle Ebenen in sich einschließt. Mögen wir uns lassen, wie und was wir sind. Wenn uns das gelingt, haben wir die Vollkommenheit erlangt. Wir sind ja von Anfang an vollkommen und als diese Vollkommenen auf einem Weg der Entfaltung all des in uns Angelegten. Wir wollen werden, was wir sind. Besser noch sein, was wir sind. Das setzt

Vertrauen, Zufriedenheit und Einverständnis voraus. Es setzt unser „Im-Jetzt-Sein" voraus, d. h. daß wir bei uns sind und uns fühlen. Im Gefühl sind uns Welt und Selbst als ungeteilte Einheit gegenwärtig. Im Gefühl unseres Herzens offenbaren sich Welt und Ich.

„Nur wer die Nichtigkeit der Welt und seiner selbst erkannt hat, sieht in ihr auch die ewige Zier." (Bi-yän-lu: Meister Yüan-wu's Niederschrift von der Smaragdenen Felswand)

Von Abgeschiedenheit und Verbundenheit

Das Wesen der Liebe ist es, alles zu einen und doch seiner individuellen Verschiedenheit nach zu achten und zu bewahren. Was sie eint, ist, was von Anfang her und ewig seinem Wesen nach eins ist: das sind aber letztlich alle Seelen als individuelle Glieder oder Sprossen der einen Welt- oder Allseele. Jede Trennung ist Illusion. Der Liebende erfährt sich ja auch als eins mit dem Geliebten. Und je tiefer seine Liebe gereift ist, umso deutlicher erfährt er sich als eins nicht nur mit einem Wesen, sondern überhaupt mit All und Allem.

Um dorthin zu gelangen, ist er aber einen langen Weg der Klärung und Läuterung gegangen. Er hat gelernt, Schein und Wirklichkeit, äußere Form von innerer Substanz und Licht von Irrlicht zu unterscheiden. Auf diesem Weg hat er sich von allen Vorstellungen und Illusionen getrennt und abgeschieden. Das beinhaltet aber auch die Loslösung und Abtrennung von allen Verhaftungen an Einzelpersonen und partikuläre Erscheinungen überhaupt.

Der Liebende löst sich von allen emotionalen Bindungen, Erwartungen und Sentimentalitäten. Er löst sich schließlich von aller Äußerlichkeit und findet zu einer umfassenden Verinnerlichung und Innerlichkeit seines Bewußtseins und Fühlens. Er hat die Dominanz des Verstandesdenkens hinter sich gelassen und sein Bewußtsein im Herzen bzw. im Lichte Atmans verankert.

So hat er zu der Erfahrung des Alleinseins gefunden, indem er sich von aller Äußerlichkeit verabschiedet und losgesagt hat. Das ist es, was Meister Eckhart als die Abgeschiedenheit von aller Kreatur bezeichnet hat. Wer von allem der äußeren Form und Erscheinung nach abgeschieden ist, der hat die Einheit mit All und Allem gefunden. Er ist eins mit Gott geworden. Das ist das Werk der Liebe, daß sie uns immer deutlicher und unausweichlicher von der Belanglosigkeit und Illusion der äußeren Welt der Erscheinungen zum Wesen und zur Seele unseres eigenen Seins und Lebens und damit zur Einheit mit All und Allem führt.

Daß wir zu dieser Lauterkeit und Einheit finden mögen, das gebe uns Gott vermittels Seiner unfaßlichen Liebe!

Die Vollendung der Liebe

Wollen wir über die Vollendung der Liebe sprechen, so werden wir vermutlich die Einung der Seele mit dem Allgeist – Gott – ins Auge fassen. Dem ist aber nicht so. Die Einung ist wohl der Abschluß des Suchens, aber nicht das Ende des Weges. Es gibt überhaupt kein Ende des Weges, denn Sein und Leben der Seele sind ein ewiger Aufstieg, ein Aufstieg ohne Abschluß oder Ende. Das Ziel des suchenden Individuums ist die *pax profunda*, der letztendliche Seelenfriede oder die Stille des Herzens.

Wer diese Stille gefunden und verwirklicht hat, der ist zu einem Fenster des göttlichen Universums oder absoluten Geistes geworden. Er hat zwar seine Individualität beibehalten, gibt ihr aber selbst keine über oder neben dem Großen Ganzen bestehende eigene Bedeutung. Er ist Glied und Teil des Ganzen und das Große Ganze vermag sich durch ihn zu offenbaren. Der Jivanmukta oder Vollendete ist damit zum Sprachrohr oder reinen Kanal Gottes geworden, der keinerlei Eigeninteresse oder getrennte Absicht verfolgt. Er ist still, sein Geist schweigt still; allein sein Herz quillt über. Dieses Überquellen des Herzens aber ist ein Ausdruck der schöpferischen Kraft Gottes, des universellen Geistes oder Tao.

Solange der Mensch sich als vom Großen Ganzen getrenntes bzw. unterschiedenes Individuum erlebt, strebt er nach Einung mit Gott. Der Seele Sein ist ja ewiger Rückgang in ihren Ursprung. Und die Kraft die sie zieht ist die reine Gottesliebe, auch Heiliger Geist genannt.

Dieser Weg der Gottesliebe kennt drei Stadien: Das sind das Entbrennen und Aufgehen in Gott, das Ruhen in Gott und das Gott-Wirkenlassen. Das Entbrennen ist selbst einer der ersten Gnadenakte Gottes als allesverzehrendes Feuer. Er, der aus seinem eigenen grundlosen Grund in sich alles Geschaffene als brodelndes Feuer hervorgebracht hat, verzehrt all die ihm in seiner existentiellen Form beigelegten Attribute, bis sie völlig davon gereinigt und befreit im Feuermeer des reinen Seins, das ist der absolute Geist selbst, aufgehen. Das aber ist ein ewiger Weg, ein ewiger Aufstieg ohne Ende.

Dieser Aufstieg vollzieht sich ohne Zutun der individuellen Seele, die sich ja bereits als integraler Teil des Großen Ganzen fühlt und weiß. Sie ist reines Fenster Gottes. Gott spricht und wirkt durch sie ohne Dazwischentreten eines individuellen Willens. Ihr Sein ist Liebe und nichts als Liebe, die alles Ungeschaffene und Geschaffene in sich umfaßt. Das ist Vollendung, daß sich das partikuläre, individuelle Sein als untrennbarer Teil des Ganzen erfährt und nichts als das. Sein

Wille ist Gottes Wille, sein Sein ist Gottes Sein und sein Wirken ist Gottes Wirken. Jede Trennung ist einer solchen Seele fremd.

Beispiele aus jüngster Vergangenheit sind Weise wie Ramana Maharshi, Paramahansa Yogananda oder Bhagavan Sathya Sai Baba. Wer sie sieht, sieht Gott, Wer sie sieht, sieht Brahman, den Allgeist, der alles durchdringt und umfaßt. Deshalb nenne ich sie Fenster in die Ewigkeit, in die Alltranszendenz.

Das ist die Verfassung und der Bewußtseinszustand jeder christusförmigen Seele: „Ich und der Vater sind eins." Der Sohn ist Sprachrohr und Kanal des Vaters. Und Er ist selbst untennbarer Teil Gottes. „Wer mich sieht, sieht den Vater." Oder wie Al Halladj ausrief: „Wer mich sieht, der sieht uns beide."

So ist das Individuum eine spezifische Offenbarungsform des Universums oder absoluten Geistes geworden. Es offenbart alle Qualitäten und Energien Gottes oder des Universums in eben seiner individuellen Form. Es ist ein spezifischer Kanal, ein Projektor oder Filter des Universums, durch das es offenbar wird. Es tut nichts von sich aus, vielmehr tut und wirkt das Große Ganze ewig durch es.

Es ist zwar ewiges Wirken und Dienen, aber nicht aus eigener Kraft, sondern aus der Kraft des Einen selbst. Es ist gleichsam untätige Tätigkeit, ein Wirken des Universums selbst durch die individuelle Form hindurch. Ja, alles Partikuläre dient grundsätzlich stets und ewig dem Großen Ganzen und dessen planvoller Entfaltung. Damit erfüllt sich der ganze Sinn der Schöpfung überhaupt

So ist alles individuelle Sein und Leben in ewiger Einheit und Interaktion miteinander verbunden und bewegt, verwandelt und verfeinert sich gegenseitig. Deshalb können wir sagen: Gott interagiert mit Gott, Gott bewegt allein Gott, ja Gott ist alles, was ist. Und dieses göttliche Sein steht niemals still, sondern befindet es sich auf einem Weg ewig sich verfeinernder Qualitäten und Energien. Damit erfüllt sich Gott mit ewig neuer Selbsterkenntnis und –verwirklichung. Deshalb übersetzten wir den Hebräischen Gottesnamen: „Ehjeh Asher Ahjeh" sowohl als „Ich Bin der Ich Bin" wie auch „Ich werde Sein, der Ich Sein werde." Denn Gottes Sein ist ewig und unzerstörbar, ungeschaffen und doch auf einem Weg ewiger Wandlung und Verfeinerung. Die Offenbarung Seiner Fülle kennt kein Ende. Und deshalb erleben auch wir Erdenmenschen ein ununterbrochenes Voranschreiten der Offenbarungsformen der Wege und Offenbarungsformen Gottes und der Prozesse der Verwandlung und Entwicklung des Lebens und der Seelen auf der Erde.

Treffender noch sagen es die Sufi-Dichter
Rumi und Al Halladj:

„Mit Deiner süßen Seele hat meine Seele
    sich vermischt, wie Wasser mit
        dem Weine.
Wer kann Wasser von dem Wein nun scheiden
    oder mich und Dich wenn wir vereint?
Du bist mein größ'res Selbst geworden,
    enge Bande können mich nicht mehr
        begrenzen.
Du hast mein Wesen angenommen,
    wie sollt' ich nun nicht annehmen
        das Deine?
Du hast mir für ewig zugesagt,
    daß ich Dich für immer als mein
        Eigen wisse;
Deine Liebe hat mich durch und durch
    durchdrungen,
ich schaudere bis in Mark und Bein hinein;
Ich ruhe als Flöte an Deinen Lippen,
    als Laute liege ich an Deiner Brust;
Atme tief in mich, daß ich ertöne;
    schlage meine Saiten, und leuchten sollen
        meine Tränen.“
            (Maulana Dschelal'uddin Rumi)

„Die Taufe ist das Farbfaß „Er“,
    in Ihm gibt eine Farbe es nur mehr.

Wer in dieses Faß fiel – sprich:
    „Erhebe dich!"
der ruft voll Freude: „Laß – das Faß bin ich!

„Ich bin das Faß „ heißt: „Ich bin Gott" zu
    sagen –
das Eisen wird des Feuers Farbe tragen.
In Feuersfarbe stirbt des Eisens Farb',
    vom Feuer spricht es,
        bis dein Wort erstarb.

Ist es von Röte gleich wie Gold durchdrungen:
    „Ich bin das Feuer!" ruft es ohne Zungen.
Von Feuers Art und Farbe, hochgemut,
    so spricht es „Ich bin Feuer, bin die Glut!

Ja, ich bin Feuer – zweifelst du daran,
    versuch es und rühre mich nur an!
Ja ich bin Feuer – glaubst du es mir nicht,
    so leg doch dein Gesicht auf mein
        Gesicht!"

Was Glut, was Eisen! Schließ die Lippen zu;
    lach nicht wie einer, der vergleicht,
        o du!"
        (Maulana Dschelal'uddin Rumi)

„Dein Geist hat sich vermischt mit meinem
    wie Moschus mit dem Ambra,
        dem duftend reinen;
Was Dich berührt, muß auch mich berühren,
    so bist Du ich – ein ungetrennt Vereinen.

Es hat mein Geist vermischt sich mit
    dem Deinen,
wie Wein vermischt mit klarem Wasser sich.
Wenn etwas Dich berührt, rührt es auch mich
    gleich an,
Denn immer bist und überall Du ich.

Ich bin der geworden, den ich liebe,
    und den ich lieb', ist ich,
zwei Seelen, doch in einem Leibe.
    Und wenn du mich siehst, siehst du
        uns beide!"
        (Al Hallaj)

Literatur:

Annemarie Schimmel: Rumi, München: Diederichs 1978, S. 173.

Plato: Symposion

Al Ghazali: Von der Liebe in: Das Elixier der Glückseligkeit

Ashraf Sheikhalaslamzadeh: Philosophie der Liebe bei Jalal ad-Din Rumi, polylog 18, Zeitschrift für interkulturelles philosophieren, 2007

Byung-Chul Han: Philosophie des Zen-Buddhismus

Apuleius: Amor und Psyche

Nizami: Leila und Majnun

„ – „ : Shirin und Chusru

Plotin: Enneaden

Khalil Gibran: Der Prophet,

„ – „ : Ein Lächeln und eine Träne

Paulus: Das Hohelied der Liebe, 1. Korinther 13

Jnaneshwar Maharaj, Amritanubhav, Kap. 1, The Union of Shiva and Shakti

Mutter Teresa: Liebe bis es weh tut!

Zhuangzi: Vom Nicht-Wissen

Lao Tzi: Tao Te King

Erich Fromm: Die Kunst des Liebens

Rumi: Diwan

Paramahansa Yogananda: Autobiographie
    eines Yogi
Glenda Green: Unendliche Liebe
Meister Eckhart: Deutsche und Lateinische
    Schriften
    „ – „ : Deutsche Predigten und Traktate
Johannes Tauler: Predigten
Friedrich A. Schmid Noerr: Meister Eckhart –
    Vom Wunder der Seele
Cusanus: De docta ignorantia
Jolande Jacobi: C. G. Jung - Mensch und Seele

Über den Autor

Elias Johannes Benedikt, Dr. phil., geb. in Wien. Studium der Philosophie, Mathematik und theoretischen Physik an den Universitäten Wien und Stuttgart. Mehrere Jahre in Forschung und Lehre mit Schwerpunkten „Applied Theory of Dynamic Systems", Bildungs- und Raumplanung. Gleichzeitig Ausbildung in Gestaltarbeit und eidetischer Wahrnehmungsschulung bei Werner Arnet.

Beendigung der akademischen Laufbahn und – einem initiatischen Impuls folgend – Beginn der freischaffenden Beratungs- und Lehrtätigkeit.

Ab 1980 Seminar- und Vortragstätigkeit in den deutschsprachigen Ländern, Israel und Indien mit den Schwerpunkten *Jüdisch-christliche Mystik und platonische Philosophie* und *West-östliche Weisheitstraditionen*. Begleitung von Menschen in ihrer Suche nach Gott und Selbst.

Diverse Publikationen im Bereich Systemforschung, Philosophie, Spiritualität und Religion. Hauptwerke: *Die Kabbala als jüdisch-christlicher Einweihungsweg*, 2 Bde., Ansata (12. und 6. Aufl.); *Spirituality versus Religion*, Lotus Publication; Zahlreiche unveröffentlichte Vorträge und Aufsätze zur Friedens- und Bildungsarbeit, zu Ethik, Mystik und Metaphysik, platonischer Philosophie und Grenzgebieten der Wissenschaft.

1995 Gründung und Leitung eines Ashrams in Savroli bei Ganeshpuri, Maharashtra, Indien, unter dem Patronat von S. H. Swami Chidananda. Von 2003 bis 2010 weltweite Aktivität im interreligiösen und interkulturellen Dialog, insbesondere im Nahen Osten; Von 2003 bis 2009 Leiter der „Jerusalem Peace Academy".

Lebt heute in den Kärntner Alpen und wirkt vorwiegend als Lehrer spiritueller Verwirklichung, reiner und angewandter Philosophie, sowie als Vermittler geistiger Heilung (www.elias-johannes-benedikt.website.com).